广东省软科学重点项目（项目编号：2011A070200010）

战略性新兴产业金融支持研究

梁 茹 凌江怀 等 著

科 学 出 版 社
北 京

图书在版编目(CIP)数据

战略性新兴产业金融支持研究/梁茹等著 .—北京：科学出版社，2013
ISBN 978-7-03-035471-6

Ⅰ. ①战… Ⅱ. ①梁… Ⅲ. ①新兴产业-产业发展-金融支持-研究-广东省 Ⅳ. ①F127.65②F832.765

中国版本图书馆 CIP 数据核字（2012）第 207183 号

责任编辑：侯俊琳 石 卉 闵敬淞/责任校对：包志虹

责任印制：徐晓晨/封面设计：无极书装

编辑部电话：010-64035853

E-mail：houjunlin@mail.sciencep.com

科学出版社 出版

北京东黄城根北街 16 号

邮政编码：100717

http://www.sciencep.com

北京凌奇印刷有限责任公司 印刷

科学出版社发行 各地新华书店经销

*

2013 年 5 月第 一 版 开本：B5（720×1000）

2018 年 1 月第四次印刷 印张：14 1/4

字数：258 000

定价：58.00 元

（如有印装质量问题，我社负责调换）

前　　言

“科学技术是第一生产力”，步入21世纪，人类发现科技创新已经成为现代经济增长的原动力，科技研发得到了各国政府的重视。2008年金融危机以后，不论是发达国家还是发展中国家，不论是美国、日本，还是中国，都希望通过加大对科技创新的投入、加快对新兴技术和产业发展的布局，创造新的经济增长极，抢占新一轮经济的战略制高点。因此，培育战略性新兴产业成为各国和地区在后国际金融危机时期突破旧结构、提升竞争力的战略举措。2010年9月8日国务院总理温家宝主持召开国务院常务会议，审议并原则通过《国务院关于加快培育和发展战略性新兴产业的决定》，明确提出战略性新兴产业的含义，即以重大技术突破和重大发展需求为基础，对经济社会全局和长远发展具有重大引领带动作用，知识技术密集、物质资源消耗少、成长潜力大、综合效益好的产业。现阶段重点培育和发展节能环保、新一代信息技术、生物、高端装备制造、新能源、新材料、新能源汽车等产业。加快培育和发展战略性新兴产业是全面建设小康社会、实现可持续发展的必然选择，是推进产业结构升级、加快经济发展方式转变的重大举措，是构建国际竞争新优势、掌握发展主动权的迫切需要。

中国正处在经济发展方式转变的关键时期，培育战略性新兴产业，是调整结构、转变经济发展方式的有力手段，是中国面向未来、着眼长远，支撑和引领经济长期、稳定、快速发展的具有重大意义的战略举措。培育发展战略性新兴产业，将对提升我国产业产品附加值、发展绿色低碳经济、提高经济增长的质量发挥重要的促进作用，是实现资源依赖向科技依托、投资拉动向创新驱动、粗放发展向集约发展、“中国制造”向“中国创造”转变的重要途径。当前阻碍战略性新兴产业发展的一些问题仍然存在，亟待解决，其中一个重要的问题就是战略性新兴产业金融支持问题。战略性新兴产业的高投入、高风险、长周期性使得其外部融资遇到了一定困难，为了使战略性新兴产业摆脱资本的束缚，化解“融资难”的问题，就需要研究战略性新兴产业及其金融支持现状和存在的问题，进而提出解决问题的对策建议。

战略性新兴产业金融支持问题已成为理论界和实务界关注的热点问题，与新兴产业相互结合的金融体系仍有很大的发展空间。新兴产业和金融的关系紧密，它们相互促进、相互影响、共同发展。我们有必要对它们的互动关系进行实证研究，以使这两者能更好地结合起来，为经济发展服务。我们需要在广泛的社会调查的基础上研究战略性新兴产业、金融与经济之间的联系，研究战略性新兴产业融资需求和资金供给的特性、状况及主要问题，研究与战略性新兴产业发展各阶段对应的金融支持体系构建等。

目前，理论界的研究主要集中在以下四个方面：①战略性新兴产业的现状分析；②战略性新兴产业与金融结合的路径与障碍分析；③战略性新兴产业融资难的成因分析；④战略性新兴产业融资发展对策分析。但是现有的研究仍存在着不足。一方面，理论研究不足。在理论层面上，对于战略性新兴产业与金融的关系、两者相互结合的路径，以及战略性新兴产业融资体系的基本构成等重大问题，我们还缺乏认识，少有较深入、系统的研究。另一方面，缺乏对战略性新兴产业微观层面的调查研究。本书旨在通过对企业和产业园区的调研，结合战略性新兴产业的现实情况，从理论高度进一步探讨战略性新兴产业与金融的相互关系、两者结合的路径和现实障碍；对战略性新兴产业金融支持不足的问题进行全面、深入的分析，提出符合实际的，比较系统、深入的战略性新兴产业金融支持对策。这是一项非常具有理论和现实意义的工作。

本书是在完成2011年度广东省软科学重点课题——“广东省战略性新兴产业发展金融支持研究”的基础上写作而成的，书中的分析资料、实证背景、典型案例主要来自广东地区。本书由梁茹、凌江怀负责总体策划、设计研究思路和方法、组织调查研究、拟订写作提纲、修改定稿和总撰。全书共七章，各章的撰稿人如下。第一章：凌江怀、梁茹；第二章：宋智文、胡青青；第三章：李成、陈振权；第四章：胡青青、陈振权、刘治凯；第五章：马岩、徐军；第六章：宋智文、凌江怀；第七章：刘治凯、蔡小燕、梁茹。

本书在写作过程中，广泛参阅了有关专家、学者的相关文献资料，在问卷调查及实地考察、访谈的过程中得到了很多政府部门、研究机构、产业园区、企业、金融机构等的领导和工作人员的大力支持与帮助，在这里表示衷心的谢意。

由于时间和水平有限，本书难免会有疏漏和不足，恳请同行专家与广大读者予以批评指正。

梁　茹　凌江怀

2012年6月

目　　录

第一章

导 论

培育和发展战略性新兴产业是调整经济结构、转变经济发展方式、寻求新的经济增长点的有力手段，也是中国面向未来、着眼长远、引领和支撑经济长期稳定快速发展的重大战略举措。研究促进战略性新兴产业发展的金融支持问题具有重要的理论和现实意义。本章是全书的导论，对相关概念及研究现状、研究背景和意义、战略性新兴产业发展现状等作了简要介绍。

纵观经济发展的历史我们发现，每一次经济危机都会引起新一轮的科技创新。科学技术的重大创新和突破，促进了经济结构的重大调整，新的科学技术为经济提供了新的增长引擎，带动了经济的恢复和提升。1857 年的世界经济危机，引发了电气革命，人类社会从蒸汽时代进入电气时代；1929 年的世界经济危机，引发了电子革命，推动着人类社会从电气时代进入电子时代；金融衍生产品的大肆使用、虚拟经济替代实体经济，使各国在 2008 年的国际金融危机中损失惨重，为应对新一轮的国际金融危机，各国着力抢占科技制高点，全球进入空前的创新密集和产业振兴时代。主要发达国家和新兴市场经济国家纷纷加大对科技创新的投入，加快对新兴技术和产业发展的布局，力争通过发展新兴产业作为带动经济社会发展的战略突破口，创造新的经济增长点，率先走出危机，抢占新一轮经济增长的战略高地。

美国奥巴马政府签署了《2009 年美国复兴与再投资法》，推出了总额 7870 亿美元的经济刺激方案，强调可再生能源、医疗、航天航空、环境保护的技术开发和产业发展，期待着以新能源革命作为整个工业体系新的标志性转型驱动力，发动一场新的经济、技术、环境和社会的总体革命。

欧盟将低碳经济看做“新的工业革命”，到 2013 年以前将投资 1050 亿欧元发展低碳经济。

日本政府颁布了《新国家能源战略》，提出了八个能源战略重点，并不断完善金融财政政策，鼓励新兴产业发展，侧重信息技术的应用、环保型汽车、电力汽车、低碳排放、医疗与护理、文化旅游业、太阳能发电等。韩国制定了《新增长动力规划及发展战略》，将绿色技术、尖端产业融合、高附加值服务三大领域共 17 项新兴产业确定为新增长动力（付广军，2011）。

我国政府也高度重视培育发展战略性新兴产业，力争抓住第四次产业革命的战略机遇，掌握产业发展主动权。2010 年 9 月 8 日，国务院审议并通过了《国务院关于加快培育和发展战略性新兴产业的决定》(国发〔2010〕32 号)，提出了扶持发展战略性新兴产业的一揽子政策措施。2012 年 5 月 30 日，国务院讨论通过《“十二五”国家战略性新兴产业发展规划》，提出了七大战略性新兴产业的重点发展方向和主要任务，注重发挥市场配置资源的基础性作用，优化政策环境，激发市场主体积极性，增强自主发展能力。

以史为鉴，任何一个国家要跻身世界先进行列就必须在新兴产业领域取得突破，这是一条基本经验，也是落后国家获得跨越式发展、实现后来居上的有效途径。

培育和发展战略性新兴产业是党中央、国务院从我国发展全局出发作出的重大决策，对加快经济结构调整、转变发展方式具有重要意义。但由于新兴产业大多处于技术不成熟、产业垄断未形成、商业模式不确定的阶段，培育发展战略性新兴产业往往需要巨大的资金投入，而且投资风险较大，这就需要发挥金融在资金配置和风险防范等方面的重要作用，需要强大的金融支持。

新兴产业一般属于资本密集型科技产业，它的建立和发展需要雄厚的资金作后盾。科技创新能否迅速地与经济相结合，形成现实的生产力，其重要的物质前提就是资本的投入。在科技应用和转化过程中，科研、开发、产业化三个过程的投入比例大约为 1∶10∶100。这表明，在科技产品产业化过程中，越到后期需要的资本投入越大。战略性新兴产业的高资本需求主要表现在以下三个方面：首先，战略性新兴产业产品开发需要大量高素质的研发人员，其人力资本投入比一般企业要多很多。其次，战略性新兴产业企业需要建立一个独立的市场营销体系，这也需要投入很大的费用，如果为了让消费者能更好地了解新兴产品的用途和性能，则需要投入巨额的广告费用。最后，由于战略性新兴产业进行产业化的风险很大，经常会出现产业中途夭折的情况，导致原有的投资无法收回，这就加大了战略性新兴产业企业对资本的需求量（言斌，2008）。因此，新兴产业的发展需要金融体系的大力支持。

新兴产业具有高创新、高难度、知识密集及低成功率等特性，这决定了对新兴产业投资的特殊性。与传统产业的投资相比，新兴产业的投资具有高风险、高收益、高投入和长期性等特点。同时，新兴产业一般与其他产业尚未建立起有效的关联，其产品也往往不够成熟和稳定，不能构成有效的市场需求。这些特点与金融机构经营的审慎性和安全性存在严重的冲突，这决定了新兴产业很难像传统产业一样从普通融资渠道获得资金，新兴产业的发展可能受到更严重的融资约束。

金融市场的基本职能是实现资本的有效配置。发达的金融市场，能够对高成长的产业的资金需求作出迅速反应，增加对高成长产业的投资，并减少对低成长产业的投资。与发展中国家相比，发达国家之所以发达并非是由于有更高的投资率，而是由于发达国家拥有发达的金融市场，其资本配置效率明显比发展中国家高（Wurgler，2000）。我国改革开放以来经济高速增长，其中一个重要原因是依赖高投资率，但资本配置的总体效率并不高，资本过度地投资于房地产及其他传统产业，对高新技术产业等成长性的产业则投资不足，这种资本配置状况不利于经济的持续发展。因此，我国金融市场的发展不能仅仅是提高金融市场的规模，更重要的是提高其资本配置的效率，形成将资本配置于新兴产业等成长性产业的机制和功能。金融作为现代经济发展的核心，是引导经济资源配置的重要动力机制，在战略性新兴产业的培育、发展过程中起着基础性的核心支持作用，金融支持是战略性新兴产业繁荣发展的基础。因此，研究建立健全的、有利于战略性新兴产业发展的金融支持体系，形成多元化的融资渠道，以支持战略性新兴产业的发展，具有重大的现实意义。

中国正处在经济发展方式转变的关键时期，培育战略性新兴产业，是调整结构、转变经济发展方式的有力手段，是面向未来、着眼长远、支撑和引领经济长期、稳定、快速发展的具有重大意义的战略举措，如何推动战略性新兴产业快速发展，成为中国经济能否继续保持稳定、较快速发展的关键所在。战略性新兴产业企业的高风险性使得融资更难，为了使战略性新兴产业摆脱资本的束缚，化解“融资难”，就需要制定详尽的战略性新兴产业金融支持发展战略，尽快完善其金融支持体系。

战略性新兴产业金融支持问题已成为理论界和实务界关注的焦点。新兴产业和金融的关系紧密，它们相互促进、相互影响、共同发展，我们有必要对它们的互动关系进行理论阐释和实证研究，以便使这两者能更好地结合起来，为经济发展服务。我们需要在广泛的社会调查的基础上研究我国战略性新兴产业、金融与经济之间的联系，战略性新兴产业融资需求和资金供给的状况、特性及存在的主要问题，与战略性新兴产业发展各阶段对应的金融支持体系构建方式，以及战略性新兴产业金融支持发展战略的具体实施步骤。

针对战略性新兴产业在经济发展中所处的重要地位和目前战略性新兴产业发展的融资需求得不到有效支持，以及理论界缺乏对新兴产业与金融互动结合的深入、细致的研究的现实，我们认为，在实证研究的基础上摸清战略性新兴产业的资金供求状况，分析影响战略性新兴产业融资的各种因素，从而制定出适合战略性新兴产业发展的以科技、金融紧密互动结合为基础的融资发展路径，是非常有理论和实际意义的。

本书在大量调查研究的基础上，试图对当前金融支持战略性新兴产业的状况进行梳理，并借鉴国外金融支持战略性新兴产业发展的成功经验和做法，提出解决问题的政策措施和对策建议，构建能适应和促进战略性新兴产业发展的金融体系，以此为金融如何支持战略性新兴产业的发展提供理论依据和实际参考。

第一节 相关概念界定

一、战略性新兴产业的概念

“产业”作为经济学概念，是指国民经济中从事同一物质生产或经济社会活动的企事业单位、机关团体和个体的集合体。我国现行国家标准将产业划分为三次产业：第一产业为农业，包括农、林、牧、渔各业；第二产业为工业和建筑业；第三产业为服务业。三次产业内部又细分为若干具体产业门类。

目前，对新兴产业的定义还没有公认的界定，一般来说，新兴产业是随着新的科学技术的推广和应用而发展起来的产业。现在世界各国所讲的新兴产业主要是指随着电子产业、生物医药、信息技术、新材料、新能源、空间、海洋等新技术的发展产生和发展起来的产业部门。美国经济学家迈克尔·波特将新兴产业界定为新建立或是重新塑造（re-formed）的产业，它出现的原因包括科技创新、相对成本结构的改变、新的顾客需求，或是因为经济与社会上的改变使得某项新产品或是服务具备开创新事业的机会（迈克尔·波特，2005）。

《2010世界新兴产业发展报告》（简称《报告》）指出，“新兴产业是指承担新的社会生产分工职能的，具有一定规模和影响力的，代表着市场对产业结构作为一个经济系统整体产出的新要求和产业结构转换的新方向，同时也代表着新科学技术产业化的新水平，正处于产业自身生命周期过程的形成期阶段的产业”。由于这种说法内容庞杂，不好把握，在给出定义之后，《报告》还对新兴产业定义的界定给出了几个限制条件，总结起来，有以下几点：第一，必须是由技术创新催生的产业，从根本上创新的产业对经济往往有着较强的带动作用，可以为经济的持续增长作出贡献；第二，这种产业必须是世界范围内的，由于发达国家和发展中国家发展的不同步性，在发达国家属于标准化的技术在发展中国家可能还是高新技术，只有选择发达国家主导的新兴产业作为目标，才能跟得上时代的步伐；第三，从严格意义上说，它必须是高科技产业，是新兴科技和工业、金融、商业的深度融合；第四，是随着技术的广泛化的商业应用，对国民经济有着战略意义的主导产业。

《报告》还把新兴产业的形成分为三类：第一类，将新技术产业化，新技术在产生之初只是一种知识形态，只有对新技术进行应用研究、投入生产后才能逐步实现产业化；第二类，对传统产业进行高新技术的改造从而形成新产业，如用抗酸、耐磨、柔韧性好的材料改造钢铁行业，就成了新材料产业；第三类，基于产业融合的新兴产业，如文化产业、休闲产业、金融产业等。世界上不同国家对新兴产业的界定各不相同，但都突出其科技创新和对经济增长的带动作用，对经济结构调整和经济增长方式提出了更高的要求。

战略产业是指一个国家或地区为实现产业结构高级化目标所选定的、对国民经济发展具有重要意义的产业门类。战略产业经过发展壮大以后，将成为一个国家或地区的主导产业、支柱产业。战略产业的选定必须根据不同区域经济技术发展水平、现有产业结构状况、产业本身获取资源的能力，以及产业本身的技术特点、市场前景、成长潜力等因素综合确定。培育发展战略产业往往是实施国家战略的重要组成部分。

战略性新兴产业具有战略产业和新兴产业的双层内涵。对于发展战略性新兴产业，温家宝总理在2009年9月主持召开战略性新兴产业发展座谈会时指出，发展战略性新兴产业，是中国立足当前渡难关、着眼于长远水平的重大战略选择，要以国际视野和战略思维来选择和发展战略性新兴产业。2010年10月国务院印发了《关于加快培育和发展战略性新兴产业的决定》，明确提出战略性新兴产业的含义，即以重大技术突破和重大发展需求为基础，对经济社会全局和长远发展具有重大引领带动作用，知识技术密集、物质资源消耗少、成长潜力大、综合效益好的产业。现阶段重点培育和发展节能环保、新一代信息技术、生物、高端装备制造、新能源、新材料、新能源汽车等产业。

二、战略性新兴产业金融支持体系的界定

（一）金融体系

金融，一般是指金融资产的融通，也可以说是与金融资产流通和信用有关的各种活动。严格地讲，金融是指在社会经济生活中金融资产流通和信用活动及与其相联系的一切经济关系的总和。具体地讲，金融作为一个经济范畴，其内容包括金融关系、金融活动、金融机构、金融工具、金融市场等一切与金融资产信用相关的经济关系和活动。在这里，融通的主要对象是货币和货币资金；融通的方式是有借有还的信用方式；而组织这种融通的机构则为银行和其他金融机构。因此，金融活动涉及货币、信用、银行和非银行金融机构、金融市场等诸多方面。因此，凡是货币和货币资金的借贷、收付，有价证券的发行、转让及外汇的买卖，以及与上述活动密切相关的信托、保险、租赁、担保等都属于金融活动。

金融是随着商品货币经济的出现而产生和发展起来的。只要有商品货币经济活动，就必然要有金融活动。它反映着商品经济活动中的生产、分配、交换、消费各个环节中的价值运动形式，并对各种经济活动产生积极的促进作用。这种反映、促进和监督作用，是通过各种不同的金融机构（主体是银行）所开展的各种不同的业务活动来实现的。货币、信用、银行、金融市场等都是商品经济发展的产物，现代的商品经济是一种以货币信用为基本特征的金融经济。具体来说，商品的价值运动，都要以货币为中介，以银行等金融机构为枢纽进行吐纳。在这种商品货币运动中形成了价值规律、利润平均化规律、利息率变动规律、信贷资金运动规律，以及有价证券、保险运作规律等。产业资本的形成与扩张更是与外源融资密切相关。

从历史发展演变的过程来看，人类社会经济形态由自给自足的自然经济发展到现代以市场交换为特征的商品经济，商品经济又由一个以小生产为特征的简单商品经济发展到建立在大工业和大银行基础上的货币经济、信用经济和现代金融经济。在这个历史发展过程中，最早出现的是货币和货币收付活动。随着商品货币关系的发展，各种借贷活动应运而生，并出现组织借贷活动的各类金融中介机构。这样，货币和货币资金的收付日益与信用资金收支、银行资金收付相互渗透、相互结合，构成密不可分的统一活动过程。

随着我国市场经济的不断发展，金融在整个经济生活中的地位和作用日益重要。现代的经济管理，迫切要求发挥金融的宏观调控作用，运用好信贷、结算、利率、汇率、证券、保险等经济手段，促进经济平稳协调地发展，以取得最佳的社会经济效益；同时，对中国的老百姓来说，随着商品经济的发展，金融越来越成为他们生活中不可分割的一部分，人们的金融意识正日益增强，参与金融活动的程度也日益加深；经济的发展、产业的壮大、企业的成长，都与现代金融紧密地联系在一起。

所谓金融体系，就是指一国金融机构的设置，各自的性质、任务和主要职能，以及它们在金融、经济生活中的地位和相互关系。在市场经济条件下，以中央银行为核心，以商业银行为主体，各类银行与非银行金融机构并存，构成现代世界各国的金融体系的一般特征（凌江怀，2004）。

按照金融资产融通方式划分，可将金融体系划分为直接融资体系与间接融资体系。两种融资模式各有优点和局限性，相互补充，不可或缺。出于研究的需要，在本书的论述中，把金融体系分为直接融资和间接融资两个方面。

（二）战略性新兴产业金融支持体系

金融支持，目前并没有比较权威的统一的定义，一般是指金融资金对经济或产业等发展的支撑作用。也有文献把金融对经济发展的推动、促进、调度和润滑作用称为金融支持。狭义上理解，金融支持主要指的是政策性金融，也就是为了经济、产业或地区的发展，政府部门、金融机构专门地、针对性地开展一些工作和出台政策。比如，贷款优惠条件、办理金融业务的便利条件、提供外汇结算、政府给予贷款贴息、政策性担保、支持进入资本市场等。广义的金融支持应该理解为金融对经济、产业发展的支撑作用，既包括上述所指的各种有针对性的支持经济或某些产业加快发展的政策措施，也包括各种商业金融的日常运作对经济、产业发展所起的基础性的支撑作用。从微观经济层面看，由于企业是生产、经营主体，因此金融的一个主要职能就是对企业提供资金支持，即对企业的金融支持。

从结构体系上来说，金融支持战略性新兴产业主要包括政策性金融和商业性金融两个方面。

政策性金融对于战略性新兴产业支持的政策类型而言，是产业政策的一种类型。产业政策通常包括：研究开发政策、市场推广政策、人才建设政策、金融支持政策、财税扶持政策等，分别从研发阶段、市场推广阶段、生产阶段等对战略性新兴产业进行支持。政策性金融支持主要是指为了支持战略性新兴产业较快发展，以为战略性新兴产业提供良好的发展条件为出发点，在提供财政金融帮助、完善金融市场、鼓励相关金融机构等方面所采取的一系列政策和措施，既包括各级政府出台的各种优惠政策，也包括一系列的扶持手段与具体措施；既有直接的政策措施，又涵盖间接地带动商业金融或其他产业政策而起作用的各种手段和措施。

在现代市场经济条件下，市场是配置资源的主要形式。金融支持中起基础性、主导性作用的是商业性金融或市场金融。产业资本的形成主要来源于市场，来源于社会的融资，企业最终取得的资金也主要来自金融市场，如借贷市场、资本市场、风险投资市场、民间资本市场等。因此，建立健全的包括银行信贷、资本市场、风险投资、产权交易市场、民间融资等在内的融资体系，多样化的金融工具和金融产品、全方位高效率的金融服务，以及有完善的金融法规和良好的金融生态环境等，都是金融支持应有的含义。也正是从这个角度而言，金融支持是一项系统工程，是一个有机整体和结构严密的体系，称为金融支持体系。

战略性新兴产业是新兴科技和工业、金融、商业的深度融合，其高科技、高投入、高风险、资本密集型、投资周期长、正外部性等特性，决定其必须得到金融的大力支持，应该有完善的金融体系与之相匹配。从这个意义上，我们把金融对新兴产业的支撑、推动和促进，称为战略性新兴产业金融支持体系。

第二节 新兴产业金融支持研究现状

一、国外研究现状

较早考察金融在经济与产业发展中的作用的是 Bagehot。Bagehot（1873）认为，金融体系通过方便大型工业项目融通所需要的资本，在英国工业革命进程中发挥了关键作用。Rajan 和 Zingales（1998）通过研究金融发展对企业外部融资成本的影响，研究金融发展对产业成长的促进作用。他们发现，一个产业在成长过程中，对外部融资的依赖程度越大，金融发展对其促进作用越大，主要依赖外部融资的产业在金融系统发达的国家和地区中增长越快。因为金融体系有助于企业克服道德风险和逆向选择问题，从而使企业的外部融资成本下降。Carlin 和 Mayer（2003）采用 14 个 OECD 国家的 27 个产业的数据发现，依赖 R&D 的产业受金融发展水平影响较大。Carlin 和 Mayer（2003）将产业分为依赖证券市场融资的产业、依赖银行融资的产业和依赖其他渠道融资的产业，并采用 OECD 国家的 27 个产业的数据得出结论：金融结构和产业类别有关，发达国家的金融结构和依赖外源融资及熟练劳工的产业的增长之间有特别紧密的联系。Wurgler（2000）使用产业层次数据，从投资变动率的角度来研究金融发展与经济增长的关系。他使用“投资弹性”这一指标来度量一个国家在成长性产业中的投资增幅和在衰退性行业中的投资减幅。其研究表明，在金融发展与投资弹性之间有着正的相关性，金融市场能促进资本分配的效率，相比金融市场不发达的国家，那些金融市场发达的国家将资本更多地投向成长的产业，而减少对衰退产业的投资。Allen 和 Gale（2000）则从比较金融系统的角度研究了不同金融体系对新兴产业发展的影响。他通过比较英国、美国、日本、德国等国家的经济发展历程，认为证券市场主导型的经济体比银行中介主导型的经济体在发展新兴产业中更成功。Beck 和 Levine（2002）基于 34 个国家和地区的 36 种产业的一组横截面数据，检验了金融发展对产业成长的影响。他们的研究结果与 Rajan 和 Zingales 的发现相一致，但不支持金融结构特征的差异对产业成长的不同影响。他们发现，经济中金融发展水平越高，法律系统对外部投资者的保护越有利，相对更依赖于外部资金的产业增长越快。在市场导向型或银行导向型金融系统中，严重依赖外部资金的产业并没有增长得更快。因此，是总体金融发展水平，而不是金融系统的特定结构推动新企业去克服获得外部资金的障碍。

二、国内研究现状

国内对这方面的研究相对较晚，比较具有代表性的研究成果如下。范小雷（2007）运用比较研究的方法通过研究发达国家战略产业的金融支持路径，对我国发展战略产业提供了经验借鉴。段一群等（2009）通过构建反映国内金融体系与装备产业增长率之间关系的模型，分析了间接融资和直接融资对该行业增长的影响。张亮（2009）认为资金短缺是制约节能与新能源行业发展的最根本因素，提出应放宽对民间资本投资的限制，深化金融体制改革，为该行业融资奠定良好基础。郑婧渊（2009）分析了金融对高科技产业的作用及其重要地位，说明了金融支持手段的运用是高科技产业发展的基本条件。袁天昂（2010）认为，当前我国的改革发展正进入关键时期，怎样利用我国的资源优势和已经形成的优良资产推动资本市场的发展，加速资本流动，实现资本与战略性新兴产业的优化整合，促进产业结构的优化升级，进一步转变经济发展方式，不断增强我国经济社会的发展活力，是我国面临的重大课题。基于此，他提出完善资本市场、商业银行适度介入、成立投资银行、拓展私募股权基金、建立共同基金、风险投资、产业投资基金、金融控股公司等十大战略措施，为战略性新兴产业的发展指出了金融政策方向。祝宝良（2010）认为，可以构建政策支撑体系来促进战略性新兴产业的发展，其中就是要通过加大财政科技投入、调整财政科技投入结构，建立和完善多元化、多渠道的科技投入体系，综合运用财政拨款、基金、贴息、担保等多种方式，吸引社会资金向战略性新兴产业投入。胡海峰（2010）通过阐述金融在我国战略性新兴产业培育中的作用机理、积极作用及存在问题，提出建立金融与财政的协调配合机制、打造多层次金融支持供给体系等政策手段，充分发挥金融在战略性新兴产业培育中的支持作用。顾海峰（2011d）通过对产业结构调整与升级的过程进行划分，来揭示金融支持产业结构调整与升级的内在机理。

综合以上研究成果可以发现，国内外直接研究金融支持与战略性新兴产业发展关系的文献都较少。从国外的研究文献看，主要是从实证研究的角度检验金融发展对产业发展的影响，缺乏理论研究，没有研究金融发展对产业发展的影响机制，没有提出金融支持产业发展的对策，因而国外对产业发展的金融支持的研究是不全面的。从国内的研究文献看，对于战略性新兴产业金融支持的研究尚处于初级阶段，已有研究成果主要从理论上论述了金融支持对战略性新兴产业发展的重要性，探讨了如何充分运用金融支持促进战略性新兴产业发展的措施，相关研究以定性分析为主，比较缺乏以实际调研为基础和经验证据的实证研究，而且对金融发展对战略性新兴产业发展的影响机制的理论研究相当缺乏，仅仅进行一些缺乏理论和经验证据的对策分析意义并不大，甚至会误导决策。

第三节　新兴产业金融支持发展现状

一、我国战略性新兴产业发展状况

自国务院发布《关于加快培育和发展战略性新兴产业的决定》以来，全国各地密切关注世界技术和产业发展的新动态、新方向、新趋势，加大培育和发展战略性新兴产业的力度，促进产业升级。有些地区还因地制宜，根据自身优势和产业基础，提出更具有针对性的战略性新兴产业发展路径，打造具有地方特色的产业链条和集群。目前，我国战略性新兴产业的发展已具备一定的基础，并呈现快速发展的势头，主要包括以下几个方面。

（一）产业规模不断扩大

我国战略性新兴产业规模不断扩大，部分产业发展已居世界前列。

2010年生物医药产业完成总产值11 934亿元，占全国GDP比重达到3%；“十一五”期间产值平均增长23.8%，市场规模从全球第九位上升到第三位。“十二五”时期，国内市场需求的快速增长为产业发展带来了机遇和推动力。受人口老龄化、人均用药水平的不断提高、用药的疾病谱变化和新医改政策等因素的影响，生物医药市场需求将强劲增长。根据国家规划，到“十二五”期末，生物医药产业规模将达到3万亿元，复合增长率达20%以上；形成10～20个龙头企业，产业集中度明显提高；研发投入强度显著提高，产业化技术和装备研制水平及配套性大幅提升；形成8～10家具有国际水平的创新药物企业研发平台；有30个以上自主知识产权新药投放市场，30个制剂产品进入国际主流市场（姜大鹏和顾新，2010）。

我国节能环保产业，经过20多年的发展，已具备一定基础，特别是“十一五”以来，政府倡导建设资源节约型、环境友好型社会，使得节能环保产业加速发展，目前已初具规模。2008年，中国节能环保产业总产值为1.4万亿元，相当于当年GDP的4.7%，就业人数达2500多万人。2009年总产值达1.7万亿元，2010年这一数字增长到2万亿元，成为国民经济和社会发展的重要产业，成为新一轮经济发展的增长点和支柱产业（张少春，2010）。

我国新材料产业规模不断扩大，新兴企业相继建成。工业和信息化部相关数据显示，2010年，新材料产业的规模已超过6500亿元。与2005年相比，年均增速约20%。新材料产业规模不断壮大。其中，稀土功能材料、先进储能材料、光伏材料、有机硅、超硬材料、特种不锈钢、玻璃纤维及其复合材料等产能居世界前列。

我国装备制造业是为国民经济各行业和国防科技工业提供技术装备的战略性、基础性产业，是各行业产业升级、技术进步的重要保障和国家综合实力的集中体现。“十一五”期间，装备（机械）工业的产业规模持续快速增长，装备产业规模跃居世界首位。2010年全行业工业增加值占全国GDP的比重超过9%，占全部工业的19.35%。2009年，我国装备（机械）工业销售额达到1.5万亿美元，超过日本的1.2万亿美元和美国的1万亿美元，跃居世界第一位。“十一五”以来，我国重大技术装备自主化成绩显著，装备保障能力显著增强。高效清洁发电设备已基本能满足国内需求，技术水平和产品产量已经进入世界前列。1000千伏高压交流输变电设备和±800千伏直流输电成套设备综合自主化率分别达到90%以上和60%以上，成为世界上首个特高压输变电设备投入工业化运行的国家。

我国新能源产业发展的战略意义更加突显，国家有30多项配套政策，包括规划、价格、补贴、财税、产业指导等政策。截至2010

年，中国风电市场连续五年翻番增长；光伏市场也开始起步，2009年光伏产业高速发展，2010 年上半年的产量就超过 2009 年全年的产量（图 1-1）。太阳能热水器增长速度超过 30%。2011 年年中，中国风电装机容量已超过 3000 万千瓦，提前 10 年完成了我国此前规划的 2020 年风电装机容量达到 3000 万千瓦的目标。

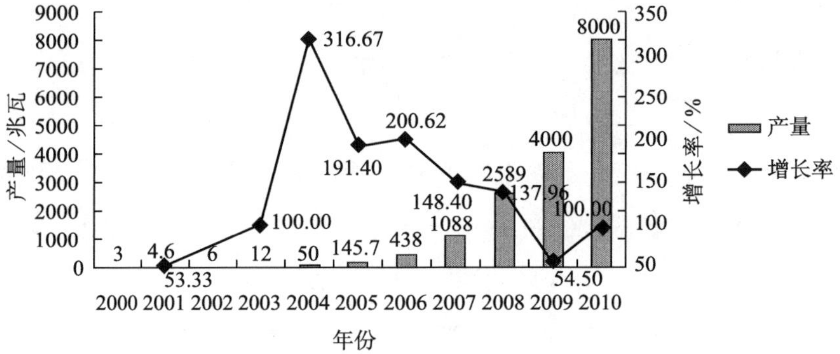

图 1-1　2000～2010 年我国光伏产量

资料来源：赛迪顾问股份有限公司《2009～2010 年中国新能源产业发展研究年度报告》

（二）部分技术处于国际领先水平

近年来，我国战略性新兴产业部分领域先后取得重大技术突破，在一些关键领域处于领先地位。例如，生命科学与生物技术总体上在发展中国家居领先地位。同时有些技术我国已处于国际领先水平。例如，环保行业中膜技术和膜生物反应器应用；烟气脱硫和除尘的技术应用和设备制造已达到或接近国际先进水平。风力机组设计能力、提炼技术取得突破，部分关键风电设备和晶硅太阳能电池生产设备基本实现国产化。转基因抗种棉、转基因水稻等方面的生物育种技术基本与世界同步。此外，在锂电池产量跻身世界三甲的同时，动力性铁电池技术研发和产业化也进入了国际领先行列（张少春，2010）。我国自主开发的钽铌铍合金、非晶合金、高磁感取向硅钢、二苯基甲烷二异氰酸酯（MDI）、超硬材料、间位芳纶和超导材料等生产技术已达到或接近国际水平。新材料品种不断增加，高端金属结构材料、新型无机非金属材料和高性能复合材料保障能力明显增强，先进高分子材料和特种金属功能材料自给水平逐步提高。

（三）研发投入提高，创新能力加强

2010年，北京、天津、上海、江苏等12个省市在战略性新兴产业领域的研发经费支出达4100多亿元，建立各类产业技术创新联盟340多个，并新建了一批国家级和省级重点实验室、工程中心、技术中心。其中，北京的研发投入强度（研发投入相当于地区生产总值的比重）达到5.5%，上海达到2.8%。在生物产业领域，扶持建设了47个工程实验室、重点实验室等，支持了192个技术攻关和研发项目；在互联网产业领域，扶持建设了34个工程实验室等，支持了211个技术攻关和研发项目；在新能源领域，扶持了27个研发中心（姜大鹏和顾新，2010）。

（四）初具产业集聚规模

伴随着战略性新兴产业的迅速发展，一批高速成长的龙头企业和中小企业集群开始涌现。例如，在节能环保产业中，2009年节能服务公司注册数量累计达到500多家，环保企业约为3万家。北京首创、上海环境集团、万邦达、合加资源、洪城水业、南海发展、龙净环保、菲达环保、吉林森工、同方股份、众合机电、凯迪电力等都成长非常迅速。在新能源产业中，则涌现出华锐风电、金风科技、东方汽轮机、南高齿等一批风电设备整机和零部件龙头企业，无锡尚德、保定英利等若干光伏和太阳能热利用的大型企业，其中，尚德、英利的企业规模已进入全球太阳能电池

产能的前 10 名。同时围绕龙头企业形成了若干从事零部件生产、服务配套的上下游中小企业集群。北京中关村、武汉东湖国家自主创新示范区，上海、深圳、长株潭、西安综合高技术产业基地等地形成了一批具有国际竞争力和较大发展潜力的产业集群。

二、广东省战略性新兴产业发展基本情况

科技投入逐年稳步增长。广东省不断加大对科技，特别是战略性新兴产业核心技术的投入力度，2005～2010 年，R&D 经费从 249.60 亿元增长到 808.75 亿元，年均增长 44.80%；R&D 人员从 12.21 万人/年增长到 34.47 万人/年，全省地方财政科技拨款从 83.77 亿元增长到 214.44 亿元，年均增长 31.20%。人力和资本增长迅速，为高科技产业的培育和发展提供了有力的保障（表 1-1）。与此同时，科技投入的增长带来了科技成果的转化。截至 2010 年，申请专利数量增长至 152 907 件，专利授权量增长至 119 346 件，各项发明申请达到 40 866 项，通过申请量达到 13 691 项。

表 1-1　2005～2010 年广东省科技投入情况

年份	R&D 经费/亿元	R&D 人员/（万人/年）	全省地方财政科技拨款/亿元
2005	249.60	12.21	83.77
2006	313.04	14.71	104.10
2007	405.50	20.00	119.26
2008	504.57	24.00	132.52
2009	652.98	28.37	168.50
2010	808.75	34.47	214.44

资料来源：广东科技统计网站（http：//www.sts.gd.cn/）相关数据整理

掌握关键核心技术。在战略性新兴产业经济规模不断发展的同时，企业的自主创新能力也得到了较大的提高。在政府引导和市场机制相结合的情况下，自主培育和招商引资相互促进，在一些领域取得了一些技术性的新突破，掌握了一批自主知识产权。例如，广东自主研发并具有自主知识产权的 DRA 数字音频编码技术规范成

为国家标准和国际蓝光光盘标准；广东数字家庭产业联盟在一些领域取得了一系列成果，拥有相关发明专利1300多项；在新兴平板显示领域，成功研制出液晶电集成制造产品“南海机型”；在半导体照明领域，开发出多项具有自主知识产权的设备技术，将成为我国首个、全球第四个有能力制造MOCVD设备的技术；在通信领域，华为、中兴两家公司的技术实力已经具有国际领先水平，2009年华为无线接入市场份额已经位居全球第二，跻身于全球顶级GSM供应商行列；在电动汽车领域，比亚迪、五洲龙等公司的多款混合动力轿车、纯电动轿车、混合动力客车和纯电动客车成功列入国家汽车产业目录，并在磷酸铁锂动力电池等关键零部件方面取得较大突破；在新材料领域，取得了纳米冷阴极及其器件制备、木质素磺酸盐资源化高效利用的改性技术、新型高分子光电功能材料及发光器件制备、电子纸关键材料电泳显示微胶囊制备等重要科技成果；在环保领域，新静界公司自主研究开发的微穿孔板吸声、消声结构已达国际领先水平，其环保产品“钦艺吸声板”成功应用到北京奥运会“鸟巢”主会场。

拥有行业龙头骨干企业。多年来，广东省培育发展了一批核心竞争力较强的高新技术企业，如深圳华为技术有限公司、中兴通讯股份有限公司、广东广晟有色金属集团公司、TCL、比亚迪、广东晶科电子有限公司、中山大学达安基因股份有限公司等现已分别发展成我国电子信息、改性塑料、电子元器件、电动汽车、大功率LED芯片、分子诊断行业的龙头企业。在生物医药领域，拥有广药集团、联邦制药、三九医药、丽珠集团、康美药业等一批优势骨干企业。在风电装备领域，中山明阳电器成为国内风电领域的主要设备供应商之一，其国内最大的2.5/3兆瓦级大型风力发电机组已投产。

为了深入贯彻落实培育和发展战略性新兴产业，省委省政府在全省范围内培养和认定了250家骨干企业，以便发挥骨干企业在战略性新兴产业发展中的引领带头和典型示范作用。战略性新兴产业骨干企业主要分布在广州、深圳、佛山、珠海、东莞，分别占总企业数的27.9%、14.6%、9.7%、7.3%、5.7%（图1-2）。其中，各行业骨干企业比重依次为：高端新型电子信息33.6%、新材料16.4%、高端装备制造12.8%、生物医药12.4%、LED8.0%、节能环保7.2%、新能源6.4%、新能源汽车3.2%（表1-2）。

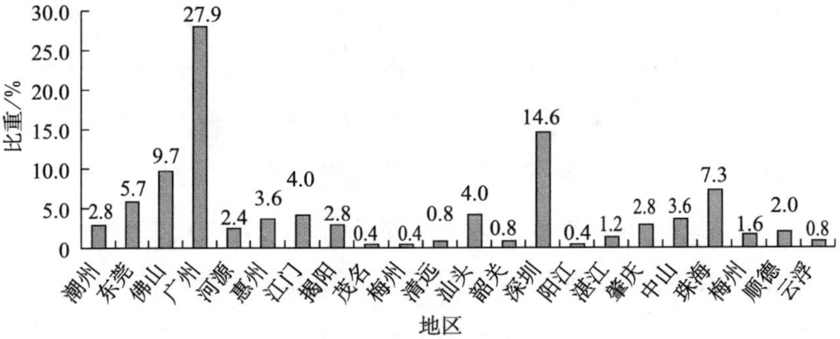

图1-2　广东骨干企业的地区分布

表1-2　广东骨干企业的产业分布

产业	骨干企业数/个	所占比重/%
LED	20	8.0
高端新型电子信息	84	33.6
高端装备制造	32	12.8
节能环保	18	7.2
生物医药	31	12.4
新材料	41	16.4
新能源	16	6.4
新能源汽车	8	3.2
总计	250	100

广东省政府引导培养了一批自主创新能力强、掌握核心技术和品牌优势的骨干企业，具有发展新兴产业的地方特色，有力地推动了战略性新兴产业的快速发展。

初步形成产业集聚态势。广东省在战略性新兴产业领域初步形成了一批特色鲜明的产业集聚区。例如，11个电子信息产业国家基地及园区，数量居全国之首（如国家级软件产业基地 2 个、国家级集成电路设计产业化基地 1 个、国家级电子信息产业基地 2 个、国家级电子信息产业园 3 个和软件出口基地 1 个等）；广州和深圳国家生物产业基地、中山国家健康科技产业基地；广州新材料产业国家高技术产业基地和 15 个国家级特色材料产业基地；深圳、佛山、东莞、河源光伏产业基地；广州南沙核电重型装备基地等。珠三角地区已成为全国半导体照明、新型显示、太阳能光伏和生物医药产业的集聚地，广州成为全国信息、软件、生物、新材料产业基地，深圳成为全国电子信息、生物医药、电动汽车等产业基地，辐射效应明显。根据广东省政府的整体部署，全省各市迅速研究制定了本地的战略性新兴产业发展规划，并根据各市现有的产业优势规划出重点发展的产业。从各市公布的战略性新兴产业发展领域来看，以珠三角地区城市为核心的广东省战略性新兴产业发展布局已经初步形成（图 1-3）。

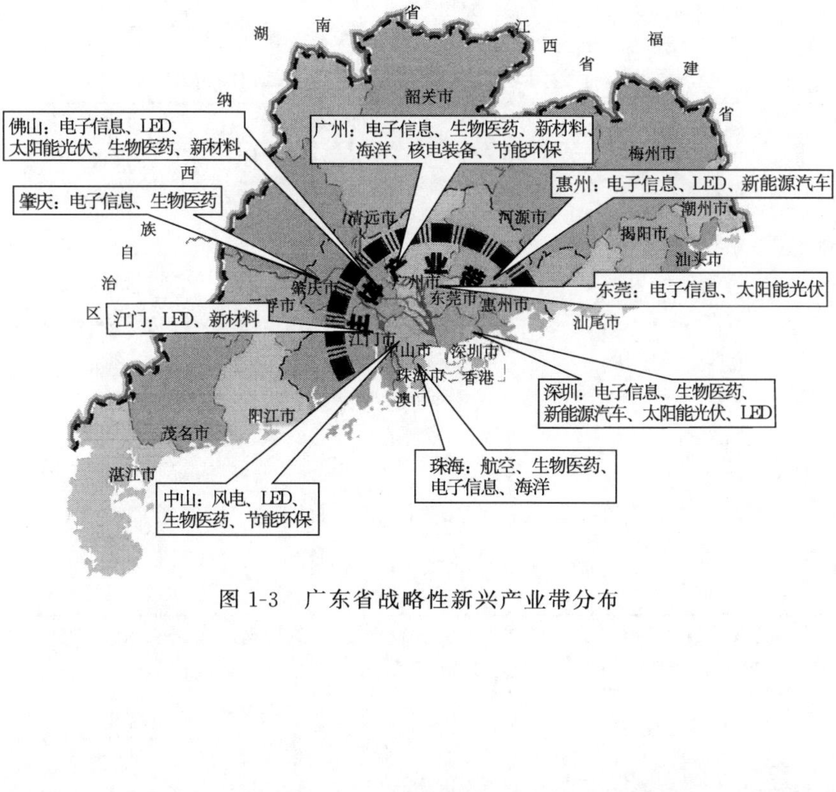

图 1-3　广东省战略性新兴产业带分布

(一)样本企业的发展现状分析

本次调查采取抽样调查的方法，共发放问卷400多份，回收200多份，其中有效问卷178份。数据分析采用统计软件SPSS17.0处理，为了便于数据的正确录入，需要对数据进行编码。由于问卷中涉及大量多选题，为方便统计，均采用"两分法"进行编码，即"0"和"1"，如选中则视为"1"，否则为"0"。本书中的图表除另注外，均为软件统计后输出的结果。本次调研中，广州、佛山、肇庆、潮州、深圳样本企业分布较多，占比分别达到11.80%、20.79%、14.04%、11.24%、15.73%(表1-3)，其余各地企业数量相对较少。大部分样本企业都是省骨干企业，能基本反映战略性新兴产业企业总体状况。其中，新能源企业占比7.0%，生物医药企业占比13.3%，新材料企业占比26.7%，节能环保企业占比12,7%，新一代信息技术企业占比19.3%，高端装备制造企业占比8.7%，其他企业占比8.0%(图1-4)。

表1-3 广东省战略性新兴产业调查样本分布情况

地区	样本个数/个	样本总数/个	所占比重/%
广州	21	178	11.80
潮州	20	178	11.24
东莞	11	178	6.18
惠州	9	178	5.06
佛山	37	178	20.79
汕头	7	178	3.93
肇庆	25	178	14.04
珠海	3	178	1.69
中山	5	178	2.81
江门	8	178	4.49
河源	4	178	2.25
深圳	28	178	15.73

资料来源：本课题组于2011年6月至2011年12月进行题为"广东省战略性新兴产业金融支持现状调查"的问卷调查，并经统计软件SPSS17.0统计输出结果

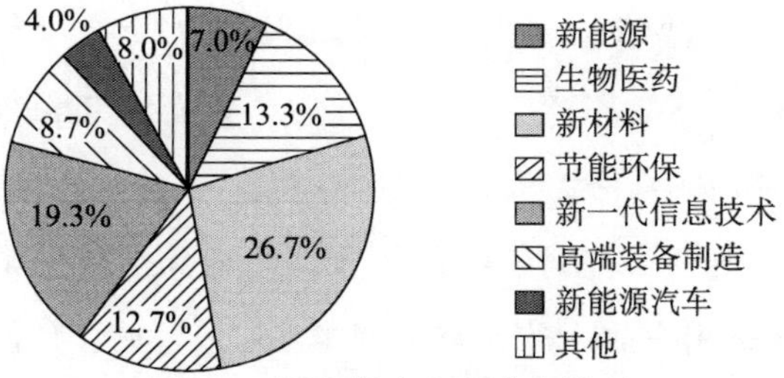

图 1-4 调查样本产业分布情况

资料来源：同表 1-3

调查结果显示（表 1-4）：应答的 155 家企业中，种子期有 0 家、初创期 5 家、初步发展期 40 家、高速发展期 77 家、成熟期 33 家。关于信用等级的调查中（图 1-5），有效的问卷有 155 份，只有 13.1%的企业未评级，大部分企业都处于 AA 级别以上。

表 1-4 样本企业目前所处的发展阶段

阶段	频数	所占比重/%	有效比重/%	累计比重/%
初创期	5	3.2	3.2	3.2
初步发展阶段	40	25.8	25.8	29.0
高速发展阶段	77	49.7	49.7	78.7
成熟阶段	33	21.3	21.3	100.0
总计	155	100.0	100.0	—

资料来源：同表 1-3

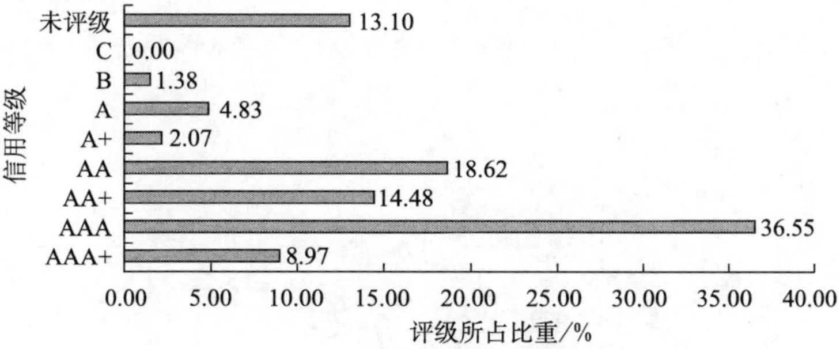

图 1-5 样本企业信用评级

资料来源：同表 1-3

在应答的 155 家样本企业当中（图 1-6），半数以上的企业研发费用占营业收入的比重不到 5%；32%的企业研发费用占营业收入的比重为 5.1%～10%；15%左右的企业研发费用占营业收入的比重为10%以上。战略性新兴产业是新兴科技和新兴产业的深度融合，代表着科技创新和产业发展的方向，具有“知识技术密集、物质资源消耗少、成长潜力大、综合效益好”的特点。研发是企业的核心，研发费用自然占据较大的比重。《高新技术企业认定管理办法》[①] 把研发费用占收入的比重上调为6%，可见，目前战略性新兴企业的研发费用投入相对而言比较少，应发挥财政政策资金引导作用，提高新兴企业的研发费用投入。

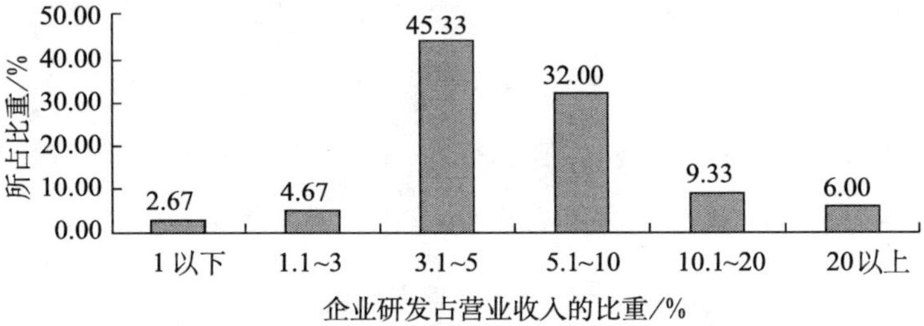

图 1-6 样本企业研发费用占营业收入的比重

资料来源：同表 1-3

在应答的155家企业当中，100%的企业有研发部门，其中，148家企业有专利，达到95%以上，拥有专利最多的企业有2000多项专利。从总体来看，样本战略性新兴产业技术水平取得重大突破，87%的企业技术水平处于国内领先地位；7%的企业处于国际领先地位（图 1-7）。

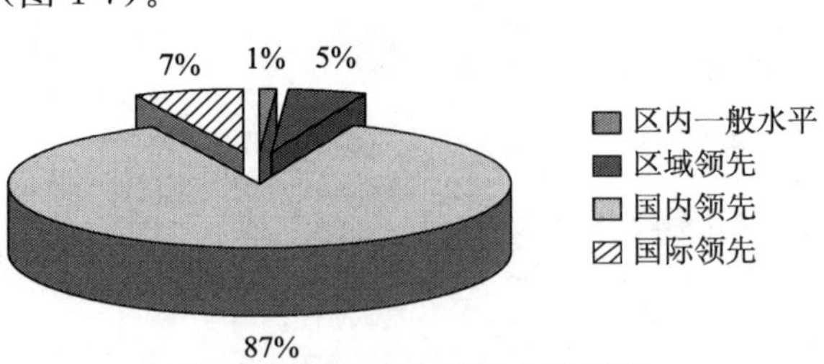

图 1-7 样本企业技术水平等级

资料来源：同表 1-3

---

① 科技部、财政部和国家税务总局文件，《关于印发〈高新技术企业认定管理办法〉的通知》（国科发〔2008〕172号）。

在职工人数方面，应答企业中 50 人以下规模的企业占比 3.29%；51～100 人的企业占比 9.87%；101～300 人的企业占比 8.95%；301～500 人的企业占比 15.79%；501～2000 人的企业占比 26.32%；2000 人以上的企业占比 15.79%（图 1-8）。调查结果显示出广东省战略性新兴产业快速发展，企业规模不断扩大，大中型企业占较大比重。这在企业的资产规模和职工人数方面有所体现。

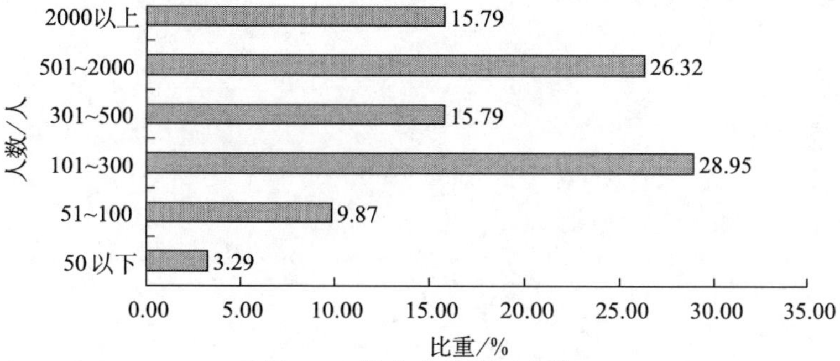

图 1-8 样本企业职工人数

资料来源：同表 1-3

关于专职研发人员占企业职工的比例的调查结果显示（图 1-9）：34.44%的企业研发人员占企业职工人数的 10%～15%；21.19%的企业研发人员占企业职业人数的 15%～20%；23.84%的企业研发人员占企业职工人数的 20%以上。约 20%的企业研发人员占企业职工人数的比例不到 10%。样本企业的研发队伍比重相对而言还是比较低的。据部分企业反映，现阶段产业人才供应存在较为严重的结构性供需不合理、高端人才不足等问题。

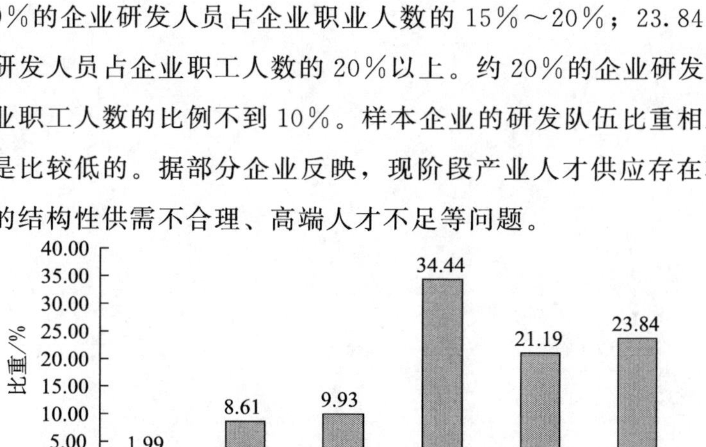

图 1-9 专职研发人员占企业职工比重

资料来源：同表 1-3

综合以上分析，广东省战略性新兴产业企业还存在很多问题，突出表现在技术水平相对较低、关键设备等还依赖进口、具有全国乃至国际竞争力的知名企业不多等方面。部分战略性新兴产业规模优势还缺乏竞争力，“大而不强”、“广而不优”的问题仍然存在。针对目前新兴产业进一步发展面临的瓶颈，加大金融支持力度，是加快自主创新和产业优化升级的重要保证。

第二章

金融支持与战略性新兴产业发展关系分析

产业的发展离不开金融的大力支持。我国战略性新兴产业尚处于发展的初期阶段，如果完全通过市场自由机制配置资源，将不利于战略性新兴产业的快速发展。金融作为现代经济发展的核心，在战略性新兴产业的培育和发展过程中具有基础性的支持作用。本章从产业金融的视角，深入分析金融支持与战略性新兴产业发展的关系。

第一节 金融支持与产业发展的关系分析

一、金融发展与产业发展的相互关系

（一）金融发展和产业发展的内涵

金融发展通常指一国金融体系朝好的方面变化（谈儒勇，1999），具体表现为金融总量的扩张、金融结构的优化及金融效率的提高。金融总量的扩张和金融结构的优化是金融发展的直接表现，金融效率的提高是金融发展的功能和效果的体现，包括金融产业的内部绩效和对实体经济体系所产生的外部性支持效应。金融发展水平主要从金融总量、金融结构和金融效率三方面来度量（张玉喜，2006）。金融总量的扩张、金融结构的优化和金融效率的提高可以体现在微观与中观层次，也可以体现在宏观层次，总体金融发展水平的度量应基于宏观层次的表现。

产业是指在产品和劳务的生产和经营上具有某些相同特征的企业或单位及其活动的集合。产业发展指产业的成长和演进过程，即产业经历其生命周期的一种过程。产业发展表现为从弱小到强大、从不成熟到成熟，包括产业规模、产业技术和产业组织等三个方面的变化。产业规模的变化显示了产业在数量变化上的特征，绝对量度量指标主要有产业的产出量、产业的投资量、产业的存量资产的大小及各相应指标在产业体系中的比例；相对量度量指标主要有产业产量增长率、产业投资增长率、产业存量资产增长率及各种增长率在整个产业体系的比例。产业技术的变化是产业发展中质的改变，是引领产业从低级向高级发展和决定产业成长速度的主要因素。产业规模和产业技术的变化从数量和质量方面规定了产业发展的过程。产业组织的变化指随着产业成长，产业内企业数量和规模分布及企业之间的关系的改变（张梅，2006）。总之，产业发展过程就是由这三个方面的变化综合作用的结果。

（二）金融发展与产业发展的相互关系

金融发展与产业发展总体上的相互关系一般表现为，金融发展能对产业的发展产生重大影响，产业发展反过来也能影响金融的发展。金融作为现代经济的核心，通过提供产业发展所需资本并有效配置资源，能对产业的发展产生积极影响。

任何产业的发展都离不开资本的支持。产业发展对资本的需求犹如人体对血液的需求，而金融在提供资本来源方面起到了决定性的作用。有效的金融体系能够有效动员国民储蓄和大规模的资金积聚。运转良好的金融体系使得经济中的储蓄和投资过程以更加富有效率的形式运作，高度的流动性和充分透明的信息在很大程度上降低了储蓄和投资的市场风险，大大提高了经济行为主体的储蓄意愿和能力，使那些零星分散、暂时闲置的资金转化为支持产业发展的长期资本。发达的金融市场和有效的金融体系能提供产业发展所需资金并有效促进产业的发展，这也为经济发展史所佐证。英国经济学家、诺贝尔奖获得者希克斯（Hikcs）曾详细考察了金融对工业革命的促进作用。他认为，正是18世纪60年代英国的“金融革命”和资本市场提供的流动性满足了工业革命对巨大的、长期资本的需求，才导致工业革命的发生。英国工业革命中所采用的技术早在工业革命之前就已存在，真正引发工业革命的是金融体系的创新，而不是通常所说的技术创新。技术创新只有与金融革命相结合才能共同推动产业的发展（约翰·希克斯，1984）。

在当代经济中，金融系统对资源配置而言至关重要。金融的基本职能是实现资本的有效配置和优化配置，资本配置效率是衡量金融市场运行和金融发展水平的一个重要指标。金融发展通过提高资本配置的效率对不同产业的发展产生影响。早在1912年，熊彼特就在《经济发展理论》一书中指出，金融体系的发展对经济运行具有积极意义，金融机构的运行既可以提高资本配置的效率，使资本配置到创造价值能力高的实体中去，同时又可以消除其中的道德风险，进而减少转移成本。之后不同学者的理论和实证研究表明，金融发展水平对产业的发展确实起到了重要的作用。Rajan 和 Zingales（1998）通过研究金融发展对企业外部融资成本的影响，研究了金融发展对产业成长的促进作用。他们发现，一个产业在成长过程中，对外部融资的依赖程度越大，金融发展对其促进作用越大，主要依赖外部融资的产业在金融体系发达的国家和地区中增长越快。因为金融体系有助于企业克服道德风险和逆向选择问题，从而使企业的外部融资成本下降。Beck 和 Levine（2002）基于34个国家和地区及36种产业的一组横截面数据，检验了金融发展对产业成长的影响。他们发现，经济中金融发展水平越高，法律系统对外部投资者的保护越有利，相对更依赖于外部资金的产业增长越快，是总体金融发展水平推动新企业去克服获得外部资金的障碍，而非金融体系的特定结构去推动。Wurgler（2000）以行业间资本的流动为研究对象，提出了定量化描述资本配置效率的方法。其研究表明，在金融发展与投资弹性之间有着正的相关性，金融市场能促进资本分配的效率，相比金融市场不发达的国家，那些金融市场发达的国家将资本更多地投向成长的产业，而减少对衰退产业的投资，而发展中国家则在更大程度上滥用了资金。可见，国与国之间资本配置效率之所以不同，是因为金融市场和金融发展水平在其中起到了很大的作用。发达国家之所以有较高的资本配置效率，是因为其拥有发达的金融市场和有效的金融体系。

产业的发展反过来也会对金融发展产生重大影响。一国金融制度的安排，客观上受到其产业发展水平的制约和影响。金融制度的形成和金融功能的升级，建立在经济和产业发展水平的基础之上。根据帕特里克的“需求追随”和“供给领先”理论，产业结构的升级将影响金融结构的调整和发展。产业发展规模的扩大，要求金融体系提供更大规模的金融服务，同时，伴随着产业结构升级而引起的企业技术创新、市场规模的扩大及其复杂化，要求金融体系为之提供更为复杂的金融服务。例如，社会化大生产的发展及企业规模的扩大，引致了企业直接融资的需求，股票市场、债券市场也因之而产生；经济规模的扩大和经营风险的提高，导致了企业对衍生金融产品的需求，促进了衍生金融市场的发展。

某些产业的兴起往往会为金融业的发展带来新的机遇。例如，信息产业获得的突破性进展，从根本上改变了金融体系的交易技术，推动着现代金融的形成。特别是近几十年来，国际互联网的飞速发展为金融交易提供了前所未有的便利，为金融创新提供了进一步发展的强大动力。信息技术在资本市场的广泛应用，使套利行为在瞬间就可以完成，同时市场在套利机制的作用下实现均衡。信息技术的发展及其在资本市场的广泛应用，也有利于全球资本市场的形成。因此，近几十年来金融业的飞速发展，本身就是与以信息产业为代表的特定产业的发展紧密联系的。

二、对特定产业发展进行金融支持的必要性

（一）金融支持的内涵

对特定产业发展进行的金融支持事实上属于产业金融的范畴，是在特定的产业政策目标导向下，依托并服务于特定产业发展的金

融活动，是联结产业发展和金融发展的纽带，使解决产业发展和金融发展间的矛盾成为可能，并为金融体系对特定产业的发展提供支持扫清障碍。这里所说的特定产业，应符合以下条件：①这些产业对国民经济发展来说十分重要；②这些产业的金融需求与金融机构的目标存在矛盾，通过市场化的金融手段难以对这些产业的发展提供有效的金融支持（马英俊，2007）。

对特定产业发展的金融支持的狭义内涵是指金融对特定产业的支持依靠的是市场以外的力量，主要体现为政府的政策导向，是根据特定的产业政策目标来运作的一种金融活动的总称。但事实上，金融对产业发展的支持作用既可以由市场所推动，也可以由政府政策导向来调节，即金融支持包括市场性金融支持和政策性金融支持。从根本上说，在市场经济条件下产业发展主要依靠市场机制，市场性金融支持是基础性的支持机制，而政策性金融支持则是对市场性金融支持的引导和利用。因此，对特定产业发展的金融支持的完整内涵应是指以充分发挥市场机制的作用为基础的依托并服务于特定产业发展的金融活动的总称，包括政策性金融支持和市场性金融支持。

（二）对特定产业发展进行金融支持的必要性分析

根据上述分析，从总体上来说，金融发展对产业发展能产生积极的影响。但就特定产业而言，尤其是对需要扶持的某些产业来说，金融发展与产业的发展并非总是协调的，金融体系并未对这些产业的发展提供有效的支持。在这种情况下，就需要产业金融发挥作用，对这些特定的产业提供有效的金融支持。对特定产业发展需要进行金融支持的主要原因如下。

首先，对特定产业发展进行有效的金融支持的必要性在于金融市场的失灵。具体而言，这种市场失灵又可分为两种情形：一是由于金融市场的不完善和金融市场本身的缺陷，导致不能实现对金融资源的有效配置；二是从局部或近期的角度看，金融市场虽能实现资源的有效配置及金融市场的均衡，但这种均衡仅是一种短期的均衡，从经济发展的全局和长远的角度来看却并不合理，不利于实现金融市场的长期均衡（马英俊，2007）。金融市场的失灵与一国的经济发展阶段和金融发展程度相关。一般而言，在一国经济发展的初级阶段，金融资源往往相当稀缺，经济发展又需要大量的资金，资金供需矛盾突出，而金融体系的发展又不完善，往往无法实现金融资源的有效配置。在这种情况下，政府往往会扮演十分重要的角色，引导金融体系对重点产业或战略产业进行支持，将有限的金融资源支持需要扶持的特定产业，以实现其快速发展并以此带动其他相关产业的发展，带动经济的起飞。金融资源越稀缺，金融市场体系越不完善，越需要通过政府对金融市场的适当干预来实现金融资源的有效配置，以加强产业发展和金融发展之间的有效联系。而当一国经济发展到比较成熟的市场经济阶段，将拥有发达的金融市场和有效的金融体系，从而将有较高的资本配置效率，市场机制能将资本更多地投向成长的产业，而减少对衰退产业的投资。因此，金融发展水平高的经济体，产业发展主要依靠市场机制，市场性金融支持是基础性支持机制，政策性金融支持参与程度较低。然而，即使是像美国这种金融发展水平很高的经济体，也不能完全排除政策性金融支持的作用，对国民经济有重大影响的高科技产业、战略性新兴产业，仍通过政府的金融政策支持其发展。

其次，对特定产业发展进行有效的金融支持的必要性在于，这些需要扶持的产业的金融需求和金融机构的发展目标可能存在矛盾，导致产业发展和金融发展不相协调，金融体系不能对这些产业的发展提供有效支持（马英俊，2007）。需要扶持的产业主要是以战略产业和高技术产业为代表的新兴产业等产业。由于战略产业属于处于起步阶段的产业，这种产业中的企业大多为中小企业，这些企业一般缺乏抵押品，市场前景也不明朗，信息不透明，这使得对这些企业的贷款风险大大增加。但是，金融机构的风险管理策略则必须把审慎性放在突出和重要的位置，这显然和产业发展的内在要求有明显差距。新兴产业的投资则具有高风险、高收益、高投入和长期性等特点，这些特点与金融机构经营的审慎性和安全性有严重的冲突，这就决定了新兴产业很难像传统产业一样从普通融资渠道获得资金。因此，需要扶持的产业的金融需求和金融机构的发展目标存在矛盾和冲突。从产业发展的角度而言，要求商业银行通过加大对需要扶持的产业内企业的支持力度来推动特定产业的发展。而从金融发展的角度来看，要求金融机构加强风险控制、审慎经营，这又势必会影响金融体系对需要扶持的产业内企业的授信。产业发展和金融发展之间存在的不同的内在要求大大影响了需要扶持的产业的发展。产业金融政策实施的意义就在于，它为金融体系对特定产业的发展进行有效支持扫清了障碍，通过政策引导机制、担保机制和利益补偿机制等，使金融体系对特定产业的发展提供的有效的金融支持能符合金融机构审慎性的风险管理要求，从而使两者之间建立有效联系成为可能。这种有效联系的建立有助于解决产业发展初期阶段中常见的资金瓶颈问题，有利于产业顺利地实现从初创到成长再到成熟的各个阶段的转变，促进产业更好地发展。

三、金融支持对产业发展的作用机理分析

金融作用于产业发展的过程，实质上就是金融在市场经济中充分发挥资源配置的过程。金融支持促进产业发展的机理是通过金融

总量的扩张、金融结构安排、金融效率的提高，通过发挥资金形成、资金导向及风险管理等金融功能来促进产业的发展。具体而言，金融支持促进产业发展的机制主要包括以下几个方面。

（一）资金形成转化机制

金融支持促进产业发展的资金形成转化机制如下。

金融体系能有效动员储蓄、积聚资金。有效的金融体系能够有效动员国民储蓄和大规模的资金积聚。金融体系可以通过发行多样化的金融工具吸收储蓄，动员和集中众多国民的资金，筹集支持产业发展所需资本。在发达的金融体系中，资金盈余的市场主体可以根据收益性、流动性和安全性的权衡，持有多样化的金融工具和金融资产，同时，金融体系还提供了一种便利的机制，降低资金盈余者搜寻资金短缺者所花费的成本。运转良好的金融体系使得储蓄和投资过程能以更有效率的方式运作，提高经济行为主体的储蓄意愿和能力，使那些闲置的、零散的资金转化为支持产业发展的长期资本。

金融体系能提高储蓄转化为投资的效率。金融体系具有多样化的金融工具、金融机构和高效的金融服务，可以提高储蓄转化为投资的效率，促进产业的发展。联结储蓄和投资的金融体系，可以使储蓄转化为最具生产性用途的投资，促进产业发展。

金融体系能通过信用创造增加资金供给。金融体系具有信用创造的功能，通过信用创造可扩大货币供给量，增加资金供给，加速产业资本的形成，促进产业的发展。

（二）资金导向机制

金融体系具有资金导向功能，是促进特定产业发展的重要的金融支持机制。金融体系利用政策性金融的校正和引导机制、市场性金融的利益竞争机制及金融体系的评估、筛选机制，将资金导向生产效率高的或需要扶持的产业，促进资源优化配置，从而促进需要支持的产业的发展。政策性金融的校正和引导机制主要通过以下途径实现：一是通过差别化的金融政策，如利率政策、信贷倾斜政策等对不同产业的发展进行鼓励或限制，引导资金投向；二是通过政府建立政策性金融机构，向市场金融机构不愿意或无力提供资金的需要扶持的产业进行投资和贷款，从而发挥对市场机制的矫正和补充的作用（张玉喜，2006）。在市场经济条件下，政策性金融支持活动主要通过政策性金融机构来开展，并以充分发挥市场性金融支持为基础。市场性金融的资金导向机制指金融机构根据收益性、流动性、安全性的“三性”经营原则，在资金市场价格的引导下，将资金资源配置到边际效率最高的产业，体现市场配置资源的利益导向。市场性金融的资金导向机制的有效发挥依赖发达的金融市场。在发达的金融市场中，资金的价格由金融市场的资金供求关系所决定，能灵敏反映资金的实际成本或收益。如果商业银行的利率没有真正实现市场化，证券市场中的价格所包含的公司经营信息存在扭曲，金融体系就不能对投资项目进行有效的评估和筛选，使资金不能流向高生产率的产业，从而不利于产业的健康发展。

（三）风险管理、分散机制

金融体系具有风险管理和风险分散功能，可促进长期资本投资和技术创新，并促进产业的发展。首先，资本市场的风险管理功能有助于公司治理的完善，减少由信息不对称所引起的道德风险，从而提高产业绩效。资本市场提供了对公司经营管理者的监督机制和潜在接管机制，这种监督机制和接管机制将公司经营者与所有者的利益联系在一起，有利于降低由代理问题产生的道德风险，提高产业绩效。其次，金融体系提供的流动性风险管理机制和风险分散机制可促进长期资本的投资和技术创新的产生，有利于产业发展（张玉喜，2006）。高技术、高收益项目需要长期投资，发达完善的金融市场能够降低市场的不确定性和交易成本，降低流动性风险，鼓励储蓄者持有股票、债券等流动性资产，化解了储蓄者进行长期投资与保留流动性偏好的矛盾，为投资者提供了风险分散、转移的渠道和途径。金融体系将这些流动性资产转化为长期资本，投资于非流动性产品的高收益项目，促进产业的发展。

第二节　金融支持促进战略性新兴产业发展的理论分析

一、战略性新兴产业发展的规律和特点

（一）产业生命周期的一般形态

产业生命周期指产业从产生到成长、成熟再到衰落的发展过程，显现了产业发展过程中的不同阶段。一般认为产业生命周期可以分为形成期、成长期、成熟期和衰退期（谢勇和柳华，2008）。形成期是指某个产业产生以后要素投入、产出规模和市场需求缓慢增长的时期。处于形成期的产业，一般是新兴产业、朝阳产业、先导产业，其特点是市场潜在需求大，生产新产品、技术先进，代表产业发展的方向。成长期是指产业的要素投入、产出规模和市场需求迅速增长的时期。处于成长期的产业的特点是发展速度快，增长率高，有的还具有很强的带动其他产业发展的潜力，并可能发展成为主导产业。成熟期是指某个产业的市场饱和，要素投入、产出规

模进入缓慢增长的时期。处于成熟期的产业，一般是市场需求达到最大，具有较为长期和稳定的产出和收入，并往往是支柱产业。衰退期是指某个产业的要素开始趋于退出，产出规模和市场需求下降趋势日益增强的时期。在衰退期如果出现了重大技术变革，该产业就可能结束衰退期，开始新的产业生命运动周期。处于衰退期的产业一般都是传统产业、夕阳产业、衰退产业。

（二）基于产业生命周期理论的战略性新兴产业发展演进路径

任何产业的发展演进过程一般都遵循产业生命周期规律，战略性新兴产业的发展演进路径也不例外。战略性新兴产业也会历经培育形成期、成长期、成熟期和衰退期等过程而完成产业的生命周期演进过程。处于各发展阶段的战略性新兴产业的基本特征主要可由产业发展潜力水平和产业发展规模水平两个指标衡量。处于培育形成期的战略性新兴产业的主要特征是，产业发展潜力水平在四个发展阶段中最高，但是产业发展规模水平却最低。原因在于，当战略性新兴产业处于培育形成期时，其具有的产业新兴性特征导致其具有很高的发展潜力。同时，当战略性新兴产业处于培育形成期时，由于产业发展的时间比较短，产业发展规模水平仍是最低的。从培育形成期进入成长期的战略性新兴产业的主要特征是，产业发展潜力水平逐步递减，产业规模水平则出现逐步递增的态势，导致该产业在经济中的比重处于一个增速较快的水平，从而逐渐成长为国民经济中的主导性产业。从成长期进入成熟期的战略性新兴产业所呈现的特征是，产业发展潜力水平逐步递减直至为零，产业发展规模水平则一直在上升，直至达到较高水平的稳定值，导致该产业在国民经济中的比重处于一个较高的水平，从而成为国民经济中的支柱性产业（顾海峰，2011b）。在产业生命周期的最后阶段，如果没有出现重大技术革命，战略性新兴产业将从成熟期最终转向衰退期，其产业规模水平将逐渐下降，产业发展潜力水平则逐步递减为负值。总之，战略性新兴产业的发展演进路径像其他产业一样也遵循产业生命周期规律，在产业发展的第一阶段即培育形成期是典型意义的真正的“新兴性产业”，随着其成长，将逐渐演变升级为国民经济的主导性产业和支柱性产业。金融体系对战略性新兴产业进行支持的目的，是将战略性新兴产业培育发展成国民经济未来的主导性产业，并最终升级为支柱性产业。（图 2-1）

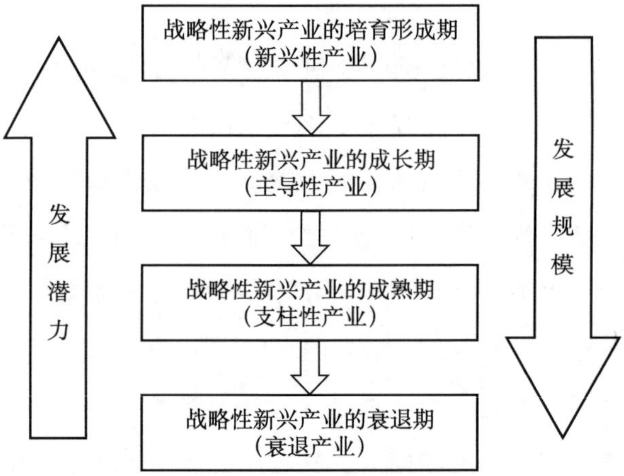

图 2-1　战略性新兴产业发展演进路径

（三）战略性新兴产业的特征与金融支持的关系

要对战略性新兴产业进行有效的金融支持，需要结合其自身特征和成长规律。就战略性新兴产业的金融支持而言，需要明确和解决的至少有两个问题，即金融支持的必要性和如何进行有效的金融支持。

战略性新兴产业具有科技创新性、不确定性、战略性、高成长性和外部性等特征，这些特征决定对战略性新兴产业进行有效支持的必要性，也是政策性金融支持积极介入的基础和前提。与传统产业的投资相比，战略性新兴产业具有高风险和高不确定性等特点，这些特点与金融机构经营的审慎性和安全性存在严重的冲突，这就决定了战略性新兴产业很难像传统产业一样从普通融资渠道获得资金，因而战略性新兴产业的金融支持存在严重的市场失灵。另外，战略性新兴产业又具有战略性、高成长性和正外部性等特征，一旦获得成功，不仅可以带来巨大的经济效应，还会带来巨大的社会效益，因而对战略性新兴产业进行有效的金融支持符合一国经济发展的战略目标。

对战略性新兴产业实施有效的金融支持，目的是将战略性新兴产业从处于培育形成期的新兴性产业发展为主导性产业，并最终升级为支柱性产业。战略性新兴产业的培育、发展和升级的过程，实质上是战略性新兴产业实施技术创新并实现规模化效应的过程。因此，对战略性新兴产业的金融支持主要定位于两个方面：一是金融支持对战略性新兴产业技术创新的作用，二是金融支持对战略性新兴产业实现规模化效应的作用。而战略性新兴产业的规模化效应则与其载体企业相关，战略性新兴产业企业数量的增长及规模的增长与战略性新兴产业的规模化效应正相关，因此，金融对战略性新兴产业的支持也主要表现为对战略性新兴产业企业的支持。

二、金融支持对战略性新兴产业发展的作用机理分析

上节从一般产业的角度分析了金融支持与产业发展的关系，下面结合战略性新兴产业发展的规律和特点，分析金融支持如何促进战略性新兴产业的发展。金融支持对战略性新兴产业发展的作用机理主要表现为金融体系通过对战略性新兴产业提供融资支持、资金导向支持和技术创新支持，从而有效促进战略性新兴产业的发展。

（一）融资支持机制

战略性新兴产业的发展过程，表现为规模化效应也即产业规模水平上升的过程，而产业规模水平则直接与战略性新兴产业企业的数量和规模相关。由于战略性新兴产业是由战略性新兴产业企业构成的集合，战略性新兴产业的发展表现为战略性新兴产业企业数量的增长和已存续的战略性新兴产业企业规模的增长，对战略性新兴产业的金融支持实质上主要表现为对不同成长阶段战略性新兴产业企业的金融支持。如果能构建完善的金融支持体系，促使战略性新兴企业不断衍生，并按其生命成长周期顺利成长，则能有效促进战略性新兴产业发展。企业金融成长周期理论（Berger and Udell，1998）表明，企业的规模、经营年限、信息的可得性这三个维度是持续同步发展的，在企业成长的不同阶段，随着信息、资产规模等约束条件的变化，企业的融资渠道和融资结构将随之发生变化。其基本的变化规律是，越是处于早期成长阶段的企业，受到的外部融资约束越大，融资渠道也越窄；反之亦然。企业要顺利发展，就需要有一个多样化的金融体系来满足不同成长阶段企业的融资需求。发达的金融体系，能提供多样化的融资来源，满足不同成长阶段战略性新兴产业企业的融资需求，从而促进战略性新兴产业的发展。

（二）技术创新支持机制

战略性新兴产业的重要特征之一是创新性，技术创新是战略性新兴产业发展和升级的基础和必要条件。金融体系通过支持技术创新活动促进战略性新兴产业的发展。

金融体系的风险管理功能能有效促进技术创新。技术创新一般需要大量长期资金的投入，成功与否存在很高的不确定性，因此技术创新伴随着高风险，其中主要包括流动性风险和收益率风险。在流动性风险约束下，投资者往往偏好短期项目，从而导致流动性低但回报高的长期项目投资不足。金融体系具有的流动性风险管理功能，可为投资者变现投资提供便利，从而有利于长期投资项目的资本形成，促进技术创新。收益率风险指市场利率、资产价格波动等引起的投资收益率的不确定性。为规避收益率风险，投资者一般倾向于选择风险小但专业化程度较低的技术，导致对高度专业化的技术投资不足。金融市场的发展可通过多元化投资来分散这种风险，促进对创新活动的投资（张玉喜，2006）。

金融体系的信息生产和处理功能能有效促进技术创新。评估高技术投资项目的发展前景存在很大的困难，需要付出很高的信息成本。高信息成本阻碍资本流向创新性的高技术项目。有效的金融市场能通过价格信号引导资金流向高技术、高回报的新兴产业。对新技术和新兴产业来说，相关信息很少，且存在着多样化的观点和判断，金融市场在信息生产和处理上更有效，更能支持技术创新活动（张玉喜，2006）。

（三）资金导向支持机制

金融体系具有的资金导向功能，是促进战略性新兴产业发展的最重要的金融支持机制。资金导向支持机制也就是政策性金融支持机制，即利用政策性金融支持的校正和引导机制将社会资金导向战略性新兴产业，从而促进其发展。政策性金融支持的实施，包括三个层面的含义：第一层面是由政府通过直接干预的方式，引导政策性金融机构积极开展对战略性新兴产业的信贷活动；第二层面是由政府通过财政贴息、政策性担保等间接干预的方式，引导商业性金融机构积极开展对战略性新兴产业的信贷活动；第三层面是由政府通过间接干预资本市场的方式，积极扶持处于战略性新兴产业的载体企业登陆主板市场、中小板市场和创业板市场（顾海峰，2011a）。

第三节　金融支持促进战略性新兴产业发展的实证分析——以资本市场为例

本节以广东省战略性新兴产业上市公司为研究对象，选用年度非平衡面板数据，运用 stata 统计软件，实证分析商业信用融资、银行信用融资、留存收益融资、股权融资这四种融资方式对广东省战略性新兴产业上市公司的总资产和净利润的影响程度，以图比较不同融资方式的融资效率，进而深入分析股权融资对战略性新兴产业上市公司产出的贡献（蔡小燕，2012）。

一、模型构建及数据选取

（一）变量说明

关于选取何种形式的衡量指标问题，目前国内外有一部分学者倾向于选取比例形式的衡量指标，如主营业务利润率、总资产收益率、长期债务占总资产的比例等；也有一部分学者倾向于选取相应指标的对数形式，还有一部分学者是选取相应指标的绝对值形式的。考虑到选用的面板数据时间跨度小，若选取比例形式的指标，容易导致变量之间具有高度相关性，所以选取绝对值指标更加适宜。

对于企业经营绩效的衡量，本节选取的指标是净利润，用以衡量企业盈利能力，并作为回归方程的因变量，用字母 n 表示。

关于企业融资方式的衡量指标，根据财务报表中企业融资来源的不同，把企业的融资方式细分为四大类，作为回归方程的自变量，它们分别是商业信用融资、银行信用融资、留存收益融资、股权融资，每种融资方式的计算公式见表 2-1。

表 2-1 融资来源计算公式列表

融资方式	计算公式
商业信用融资（cf）	应付账款＋应付票据＋预收账款
银行信用融资（bf）	短期借款＋长期借款
留存收益融资（rf）	盈余公积＋未分配利润
股权融资（sf）	股本＋资本公积

（二）数据说明

战略性新兴产业是近两年提出来的新概念，对于哪些企业属于战略性新兴产业，目前暂时没有明确的划分细则。借鉴国务院审议通过的《国务院关于加快培育和发展战略性新兴产业的决定》对战略性新兴产业界定的重点发展方向，通过以下方法筛选出样本企业：首先，样本企业的筛选仅限于大智慧软件的广东板块。其次，以战略性新兴产业的界定及其重点发展方向为判断依据，结合大智慧中上市公司的主营业务、所属行业板块及其概念板块，若其符合战略性新兴产业的界定或重点发展方向，则将其归入广东省战略性新兴产业上市公司的行列中，并参考 2011 年广东省经济和信息化委员会公布的《广东省第一批战略性新兴产业骨干企业名单》和《广东省第二批战略性新兴产业骨干培育企业名单》，符合条件的战略性新兴企业总共有 92 家，考虑到财务数据的可获得性，剔除京信通信、金山软件、创维数码、腾讯控股四家在中国香港和纳斯达克上市的企业，剩余 88 家样本企业。样本企业选定后，根据中国经济金融数据库（CCER）中上市公司的财务报表，筛选出样本企业所需的财务数据。最后，考虑到本节采用的是非平衡面板数据模型，鉴于面板数据模型对时间跨度的最低要求及为保证回归的可信度，仅保留在 2007 年之前（包括 2007 年）上市且目前还未退市的企业，选择的时间跨度是 2007～2010 年，每一年度的样本企业数均为 77 家。

（三）模型选择

面板数据是时间序列数据和横截面数据的二维结合，又称为时间序列与横截面混合模型，模型的基本形式如下。

$$Y_{it}=\alpha_{it}+X_{it}\beta_{it}+\varepsilon_{it}$$

$$(i=1,\ 2,\ \cdots,\ N;\ t=1,\ 2,\ \cdots,\ T)$$

式中，X_{it}为 $1\times K$ 阶向量，表示模型中包括 K 个解释变量；β_{it}为相应解释变量的系数；ε_{it}为白噪声序列；α_{it}为截距项，表示个体的影响。而根据个体影响的不同，可将面板数据分为两大类，即固定效应模型和随机效应模型，这两者的区别是固定效应模型假定截距项是一定的，而随机效应模型则假定截距项是一个随机的变量，对于模型应该选择固定效应还是随机效应，我们可通过 Hausman 检验来判别，Hausman 检验的原假设 H_0 是：Cov（X_{it}，α_{it}）=0，若该条件成立则选择随机效应模型；反之，则应选择固定效应模型。为了研究广东省战略性新兴产业不同融资方式的融资效率，本节选用的固定效应模型和随机效应模型的具体形式如下：

（1）固定效应模型

$$n=\alpha_i+\beta_1 cf_{it}+\beta_2 bf_{it}+\beta_3 rf_{it}+\beta_4 sf_{it}+\varepsilon_{it}$$

（2）随机效应模型

$$n=\alpha+\beta_1 cf_{it}+\beta_2 bf_{it}+\beta_3 rf_{it}+\beta_4 sf_{it}+\mu_{it}+\varepsilon_{it}$$

式中，i 为不同的上市企业；t 为时间；α 为截距项，为一常数；β 为相应变量的系数；μ_{it}为随机扰动项；ε_{it}为误差项。

本节之所以选用面板数据模型（panal data model），主要是考虑到相对于横截面数据和时间序列数据，面板数据具有以下几方面的优点：首先，横截面数据是在某一时点上不同个体的集合，由于个体间存在差异性，容易导致异方差，而时间序列数据反映的是某一变量在不同时点的情况，在研究实际的经济问题时容易导致多重共线性，而面板数据把时间序列和横截面数据结合起来，能有效地避免异方差和多重共线性；其次，面板数据研究不同个体在不同时点的情况，不仅能反映单个个体的动态变化特征，而且能有效比较不同个体的差异；最后，参考目前实证研究融资效率的文献，大部分是建立横截面数据模型或时间序列模型来研究企业相关融资来源对企业绩效的影响的，很少有采用面板数据模型的，本节采用年度非平衡面板数据，从一个较新的视角研究广东省战略性新兴产业上市公司的整体情况，得到的结论将更具有实际意义。

二、实证分析过程

（一）描述性统计分析

本节的数据分析使用的是stata11统计软件，为了充分利用样本数据信息，在实证分析样本企业不同融资方式的融资效率之前，先对相关数据进行描述性统计，结果见表2-2。

表2-2 描述性统计分析结果

变量	均值	标准差	最小值	最大值	样本企业个数
ta	6 450 000 000	11 200 000 000	168 000 000	84 200 000 000	78
n	281 000 000	531 000 000	431 000 000	4 280 000 000	78
cf	1 480 000 000	4 210 000 000	10 796	34 700 000 000	78
bf	1 310 000 000	2 120 000 000	1 750 000	15 400 000 000	76
rf	832 000 000	1 750 000 000	3 560 000 000	10 800 000 000	78
sf	1 570 000 000	2 570 000 000	84 600 000	18 600 000 000	78

根据表2-2的描述性统计分析结果，我们可以大致了解广东省战略性新兴产业的融资结构，并得到以下结论。

第一，广东省战略性新兴产业上市企业资产规模和盈利能力的整体水平良好，但企业间差异比较显著。通过表2-2可以看到，资产规模的均值为 64.5 亿元，最小值为 1.68 亿元，最大值为 842 亿元，而标准差为 11 200 000 000，企业间的规模整体差异较大；净利润的均值是 2.81 亿元，约是深圳证券交易所 2010 年年报数据中披露的创业板上市公司的平均净利润 0.71 亿元的 4 倍，由此可见，广东省战略性新兴产业的盈利能力明显高于创业板上市公司的平均水平，然而，从最小值（—4.31 亿元）和最大值（42.8 亿元）可看出，广东省战略性新兴产业各上市公司的盈利能力差异较大，最差的企业净利润甚至出现负值的情况。

第二，从资金来源的均值水平来看，广东省战略性新兴产业上市公司的首要资金来源是股权融资，均值为 15.7 亿元，说明战略性新兴产业上市公司普遍存在股权融资偏好，这与我国大部分学者认为的上市公司普遍存在股权融资偏好这一研究结论是相一致的；其次分别为商业信用融资和银行信用融资；最后才为留存收益融资。虽然 Myers 等（1984）在优序融资理论中认为内部融资是企业首选的融资方式，但广东省战略性新兴产业上市公司融资次序并非如此，留存收益融资仅占了很少比例，已远远无法满足其进一步发展需要。

（二）实证分析

为了研究不同融资来源对广东省战略性新兴产业上市公司盈利能力的影响，建立非平衡面板数据回归模型，即上文提及的随机效应模型和固定效应模型，运用 stata11 对收集到的数据进行回归，结果见表 2-3。根据 Hausman 检验结果，应采用固定效应模型。由回归结果分析可知，该模型拟合得非常好，R^2 值为 0.8604，调整后 R^2 值为 0.7003，这表明企业的净利润可由商业信用融资、银行信用融资、留存收益融资、股权融资这四种融资方式来解释。而对各系数对因变量的影响情况分析如下。

表 2-3 实证回归结果

变量	固定效应		随机效应	
	系数	P 值	系数	P 值
cf	0.045 985 8	0.000	0.029 726 5	0.000
bf	−0.047 840 8	0.000	−0.051 739 1	0.000
rf	0.205 093 2	0.000	0.310 078 2	0.000
sf	0.047 420 8	0.000	0.047 225 8	0.061
	$R^2=0.860\ 4$	调整后 $R^2=0.700\ 3$	$R^2=0.833\ 1$	调整后 $R^2=0.715\ 3$

Hausman 检验结果：chi2（3）＝29.73，Prob＝0.000 0

1. 显著性分析

在1％的显著性水平下，商业信用融资、银行信用融资、留存收益融资、股权融资都通过显著性检验，这表明这四种融资来源都对广东省战略性新兴产业上市企业的净利润有显著性的影响。

2. 系数分析

从回归结果来看，商业信用融资、留存收益融资、股权融资与广东省战略性新兴产业上市企业净利润是正相关关系，而银行信用融资对广东省战略性新兴产业上市企业却产生负面的影响。虽然商业信用融资和留存收益对企业的绩效起到正向促进作用，但银行信用融资与企业的净利润是负相关的，而在这四种融资来源中，股权融资最有效率。当然，对于不同融资方式的融资效率，不能采用一刀切的方式，而应具体情况具体分析，分清行业特性及其所处的宏观环境，下面从战略性新兴产业特性、融资成本和资金使用效率这三个角度重点说明股权融资对企业净利润正相关的原因。

3. 原因分析

股权融资不仅对广东省战略性新兴产业的盈利能力起到积极的

促进作用，而且还是以上四种融资来源中影响最大的。这与学术界很多学者所持的观点相反。学者们普遍认为虽然我国上市公司普遍存在融资偏好，但股权融资效率低下。由于信息不对称，在投资者看来，企业利用股票市场进行融资是企业资产质量变差的信号，而企业进行债务融资向市场传递的是积极信号。王小哈（2002）支持上述观点，认为在某种程度上股权融资与上市公司的绩效负相关，且上市时间越长企业的绩效将越差。虽然我国上市公司偏好于股权融资，且有很高的配股需求，但是通过配股募集到的资金与企业息税前的利润是负相关的，这主要是因为我国上市公司低效使用配股募集资金，而长期负债和流动负债与企业息税前利润是正相关的。当然，也有部分学者观点与本节的实证结果相一致，如 Rajan 和 Zingales（1998）认为，金融市场对产业的显著关系受产业对外源融资的依赖性的影响，越是依赖于外源融资，产业将越受金融市场的影响。而银国宏（2005）通过对我国 24 个行业相关数据进行实证分析，也得出了相似的结论。银国宏认为，处于产业周期上升阶段且对外源融资具有依赖性的产业容易受资本市场的积极影响，且与银行信贷相比，资本市场对产业绩效的正面影响更加明显。

股权融资之所以与广东省战略性新兴产业的净利润是正相关的，与广东省战略性新兴产业上市公司股权融资的成本、特性和资金使用效率密切相关。首先，优序融资理论之所以得出企业最优的融资顺序是内部融资→债权融资→股权融资，是基于债权融资不仅比股权融资的成本低，且具有节税效应。但这显然不符合中国的现实，在中国，股权融资的融资成本比债权融资的成本低，这是因为，股权融资成本主要由股利和发行费用这两项组成，而股利是市盈率的倒数，如果以 2002～2010 年 A 股市盈率的均值水平 30.43 来计算的话，我国股利大约为 3.3%，再加上在我国由于制度方面的原因，上市公司有权选择是否分发红利及分发多少。据统计，我国绝大多数上市公司一般采取不发放股利的政策，而是采取转增股本等形式将股利留在公司，以增加可支配的现金。对于发行费用，由于我国上市公司现在都是在网上发行新股，费用非常低，可忽略不计。即使根据股权融资成本的精确计算方法，即股权融资由股利、交易费用、公司控制及负动力成本这三部分组成，黄少安和张岗（2001）计算得出股权融资的成本也仅为2.42%，相较于2011年中国银行公布的1～3年期贷款利率（6.65%）、3～5年期贷款利率（6.90%）和5年期以上贷款利率（7.05%），股权融资可大大减少公司融资成本，提升利润空间。其次，广东省战略性新兴产业上市公司的特性适合利用股票市场进行融资。战略性新兴产业上市公司具有高风险性和高收益性。战略性新兴产业在前期需投入巨额的资金用于产品研发，由于其产品的科技含量高，研发出来的产品一旦得到市场的肯定就会有巨大的盈利收入，但是一旦被市场淘汰将会血本无归，因此在这一阶段企业面临着巨大的市场风险、技术风险，而银行借款并不适合这种高风险行业，因为对银行来说，即使产品得到市场肯定，银行方面也仅能得到一笔固定的利息收入作为回报，而一旦产品被市场淘汰，这笔借款就会作为一笔坏账处理。股权融资则不一样，股票投资者一般是偏爱风险的，仅是偏好风险程度不一样而已。投资成功时他们可以从股票价差和公司分红获取与之承担的风险相对应的收益，投资失败时，由于股票市场是大众资金的集合，对于单个投资者损失也不会特别大，即使对于机构投资者也一样，因为机构投资者的资金是分批投入企业的。战略性新兴产业资金需求大，产品研发周期长，且产品随时面临着被淘汰的风险，因此需要源源不断的资金长期投入，鉴于股权融资是一种长期投资行为，不用担心投资者会从企业撤掉股权，而且只要条件允许，企业还可以进行再融资行为，因此企业一般会考虑通过股票市场来解决资金难题。综上所述，由于战略性新兴产业自身的特性和宏观制度方面的原因，利用股权融资不仅可以减少融资成本，降低财务杠杆，而且可以通过引入机构投资者改善公司治理，从而达到提高企业的盈利能力的目的。

三、结论

鉴于以上实证分析，我们认为，在商业信用融资、股权融资、银行信用融资、留存收益融资这四种融资方式中，股权融资的效率最高，其次为商业信用融资和留存收益融资，银行信用融资对企业盈利能力产生了消极的影响。因此，目前股权融资依然适合于广东省战略性新兴产业。

第三章

战略性新兴产业金融需求分析

本章主要探讨了战略性新兴产业融资需求问题。首先介绍了战略性新兴产业的特性，并以此为基础，探讨了与之联系紧密的战略性新兴产业融资需求特性，作了基于战略性新兴产业生命周期的金融需求分析，最后以广东省为背景，从调查的样本企业角度，分别从整体、成长周期、行业、地区几个不同角度对广东省战略性新兴产业融资需求基本情况及差异性进行实证分析，得出一些初步的结论，同时，还简要介绍了新兴产业园区融资情况。

第一节　战略性新兴产业特性

战略性新兴产业具有战略产业和新兴产业的双重内涵。对于发展战略性新兴产业，温家宝总理在2009年9月21日和22日主持召开的三次新兴战略性产业发展座谈会上指出，发展新兴战略性产业，是中国立足当前渡难关、着眼于长远水平的重大战略选择，要以国际视野和战略思维来选择和发展新兴战略性产业。2010年10月18日，国务院印发了《关于加快培育和发展战略性新兴产业的决定》，非常明确地阐述了战略性新兴产业的概念，并把节能环保、新一代信息技术、生物、高端设备制造、新能源、新材料、新能源汽车等产业作为现阶段培育和发展的重点。

战略性新兴产业代表着未来产业和科技发展方向，与传统产业相比，具有鲜明的特征，主要表现如下。

（一）战略性

战略性新兴产业是对某一国家或地区经济发展具有重大战略意义的产业，其不仅自身具有很强的发展优势，对经济发展具有重大贡献，而且直接关系经济社会发展全局和国家安全，对带动经济社会进步，提升区域竞争力具有重要的促进作用；战略性新兴产业在市场、产品、技术、就业等方面有巨大的增长潜力，而且这种潜力对经济增长的贡献是长期的、可持续的；战略性新兴产业关联度强，能够带动一批相关产业兴起，发展成为未来的支柱产业或主导产业（侯延刚，2011）。这一概念强调其“对经济社会全局和长远发展具有重大引领带动作用”，在经济增长中起着战略性的作用，在与其他国家的竞争中也有着战略性的地位。

（二）科技创新性

战略性新兴产业是以重大技术突破为基础发展形成的产业。这些产业以“重大技术突破”、“知识技术密集”为基础，所生产的产品是新知识、新技术的结晶，产品附加值高、物质资源消耗少，符合科学发展观的要求。因此，增强研发创新能力是培育和发展战略性新兴产业的中心环节，完善以企业为主体、市场为导向、产学研相结合的技术创新体系，发挥国家科技重大专项的核心引导作用，结合实施产业发展规划，突破关键核心技术，加强创新成果产业化，不断提高战略性新兴产业的竞争力（侯延刚，2011）。

（三）高成长性和不确定性

战略性新兴产业往往处于萌芽期和成长期，有着最前沿的科学技术作为支撑，发展潜力大，增长率高。再者，这些产业由于其创新性，往往有巨大的潜在需求，这种潜在需求又促进了产业的进一步增长。同时，战略性新兴产业作为新兴产业，在未来发展过程中存在着极大的不确定性。首先，存在技术风险。战略性新兴产业与传统产业不同，不是有投入就会有回报，战略性新兴产业所采用的技术都是最前沿的，一般会面临较大的风险或不确定性，很多技术尚不够成熟，技术的更新换代很快。其次，存在市场风险。市场需求的变化是战略性新兴产业发展的重要推动力，但市场的不确定性也是战略性新兴产业发展所面临的主要障碍。一项新技术、新产品能否赢得市场和消费者的青睐，除了技术领先以外，还要受到用户的转换成本、消费者的消费习惯、市场规模、市场需求和企业营销策略等因素的综合影响（侯延刚，2011）。

（四）外部性

科技创新存在很强的正外部性，一旦某项技术发明出来要投入生产，就会迅速、广泛地被他人所共享，有“公共产品”的性质，并且，一项科研成果的推广和应用可以为其他成果的研究开发和应用开辟道路。创新的人无法获得科技创新所带来的所有好处，私人进行科技创新的意愿就受到了限制，所以，这种正外部性决定了科技创新必须有政府的支持，如需要政策性金融的扶持。

（五）动态性

战略性新兴产业是一个动态的概念，必须根据时势变迁和内部环境的变化进行调整，以适应经济、社会、科技、人口、资源、环境等变化带来的新要求。选择战略性新兴产业，既要突出战略性新兴产业基本特征，又要根据传统第一、第二、第三产业和经济社会发展情况，统筹规划产业布局、结构调整、发展规模和建设时序，不同时期、不同区域要有针对性地确定战略性新兴产业。但战略性新兴产业一旦确定，就将成为引导资金投向、人才集聚及相关政策制定的重要依据。

第二节　战略性新兴产业的金融需求特性

一、战略性新兴产业金融需求特性的一般分析

战略性新兴产业的金融需求，从广义上讲，就是货币资金的融通，是资金在持有者之间相互流动，以余补缺的一种经济行为。从狭义角度看，是指战略性新兴产业企业根据资金拥有的状况、公司现在的经营情况及未来发展的需要，科学预测所需资金，从而向各种金融中介、企业投资者和债权人去筹集资金，以保证企业正常运转和发展的一种融资行为。战略性新兴产业作为我国“十二五”期

间重点发展的产业，更离不开强大的资金作后盾。而且，资金作为一种特殊资源，具有引导和配置其他资源的作用，但资源的使用是有偿的，其他资源只有经过与资金的交换才能投入生产。所以，战略性新兴产业企业金融需求的实质也是一种以资金供求形式表现出来的资源配置过程，即企业能否获得资金、以何种形式、何种渠道取得资金。而为战略性新兴产业提供资金，则需要有合适、完备的融资渠道或者说是融资方式提供给战略性新兴产业企业，要找到适用于不同类型和处于不同成长阶段的战略性新兴产业企业融资需求的特征，还要找到能有效降低企业与投资者的信息不对称程度的融资方式和手段。

战略性新兴产业融资方式按照不同的分类标准有不同的划分形式，常见的分类如下。

按资金来源划分为内源融资和外源融资。内源融资包括企业所有者出资、经营利润留成及折旧；外源融资包括银行贷款、债券融资、股票融资等。

按资金属性不同可分为债权融资和权益性融资。权益性融资和债权融资的差别主要体现在承担风险的机制上，权益性融资实行按利分红，风险共担、利益共享；债权融资要求固定的利息回报，但企业资不抵债时，除了承担风险损失，企业控制权也要受到威胁。

按金融组织的性质可分为正规金融机构融资和非正规融资。非正规融资对企业信息公开的要求相对低，但融资成本高（民间的高利率借贷），对抵押品一般也没有要求；正规金融机构融资对信息公开要求高，对抵押品也有很高的要求，但融资成本较低，而且正规金融机构融资可以使借款企业利用法律来保护自己的利益，而这一点是非正规融资无法提供的。

对一般的战略性新兴产业企业而言，内源性融资和外源性融资是主要的融资渠道。内源性融资是指企业通过自身经济活动获得资金，并将其用来满足企业投资、经营等融资需要。内源性融资对信息公开要求的程度最低，信息可以完全封闭在企业内部，融资成本也最低，没有利息和分红的要求，这使得内源性融资的成本要远远低于外源性融资，因此，它往往是企业首选的一种融资方式。但企业主承担的风险是最大的，当投资失败时，所有损失将由企业主承担。外源性融资分为直接融资和间接融资。直接融资主要是资金需求者（资金短缺企业）在资本市场直接出售股票和债券给资金供给者（资金盈余部门）以获取所需资金的方式，具有直接性、长期性、不可逆性和流通性的特点。在间接融资的情况下，资金盈余部门的资金通过储蓄或购买金融机构的间接证券流入金融机构；金融机构再通过贷款或购买资金短缺部门的直接证券使资金最终流入企业。在此环节过程中金融机构发挥了媒介作用。

一个企业是选择内源性融资还是选择外源性融资，一方面取决于企业的自身发展的目标和特点，另一方面也取决于两种融资方式的成本和风险。在不同的发展阶段，选择各有侧重。企业在成立之初，由于难以获得外部资金或者很难承担负债的高额成本，一般都是依靠内源性融资来解决自身的资金需求问题；当企业发展到一定规模时，内源性融资已不能够满足企业的资金需求，此时，企业必须寻求外部渠道进行融资，在外源性融资渠道中，优先采用间接融资，其次采用直接融资；在直接融资中优先采用债券方式，其次采用股权融资方式。

战略性新兴产业与传统的产业不同，其发展呈现高成长性和高不确定性等特性，因此其金融需求也与传统产业不同，主要有以下几个方面的特性。

第一，从单一产品服务需求向多元化产品需求发展。例如，战略性新兴产业中的高端装备制造和新能源等产业，其结算方式一般为先付预付款的一部分，交货后再付货款一部分，质保期内才付清剩余款项，导致其应收账款资金占用过大，对资金的需求较大，传统银行业务主要针对其特点对其提供流动资金贷款的支持，随着其业务发展，企业现在对应收账款质押、金融租赁、出口买方信贷、有追索权国内保理卖方保理，即期、远期进口信用证，进口押汇、投标保函、履约保函、预付款保函、质量维修保函等金融产品的需求越来越大。

第二，从单一融资渠道逐渐向多渠道融资扩展。战略性新兴产业除了从传统的融资渠道获得资金外，对直接融资渠道的需求也日益增加，尤其是在初创期从银行获得资金有限的条件下，对民间资本的需求更甚，同时对政府投资引导基金、天使投资、风险投资、私募股权在内的创业投资产业链体系的建立要求迫切。此外，由于战略性新兴产业高风险的行业特征，要求金融机构不断创新金融避险产品，如对创业投资风险补偿基金、新能源项目的专项保险、汇率远期的保值合约、汇率及利率掉期等金融服务的需求也较大。

第三，从传统信贷需求向现代综合服务需求的转变。战略性新兴产业在不同发展阶段具有不同特点，在产业链的不同环节也各有其特征，而且由于战略性新兴产业升级快，技术发展趋势不易把握，呈现出与传统产业相异的特点，要求金融机构对战略性新兴产业灵活、不断变化的金融服务需求作出全面、及时、有针对性的反应，提供综合性的金融服务。目前商业银行的运行模式特别是信贷管理和服务模式，主要还是依据传统产业而建立的，如需要信贷客户有稳定的现金流、大量的固定资产、清晰的盈利模式等，但战略性新兴产业经常难以符合上述标准，特别是一些初创期的战略性新兴产业企业，风险大、规模较小、波动性大、抗风险能力弱等特性使得传统的单个金融机构、单一金融产品难以有效地为这些企业提供服务，现代综合金融服务需求迫切（李明，2011）。

二、基于战略性新兴产业生命周期的金融需求分析

（一）战略性新兴产业生命周期分析

产业生命周期理论是由Gort和Klepper（1982）在产品生命周期理论的基础上提出的，其含义是每个产业都要经历的一个由成长到衰退的演变过程，一般分为初创、成长、成熟和衰退四个阶段。对战略性新兴产业而言，也会经历这四个阶段。目前我国战略性新兴产业大多处于种子期或初创期，企业规模较小、技术不够成熟、产品品种单一、利润较低、投资风险较大等是这些产业现阶段的特点，但由于这些产业符合国家发展战略及产业结构升级的要求，是国家重点扶持的产业，因此具有良好的发展前景。

1. 初创期

在初创期，由于新产业刚刚诞生或建立不久，只有少数的特殊投资主体（如创业投资公司）投资于这个新兴的产业，由于初创期产业产品的研发费用较高，而消费者对其尚缺乏认同，产品需求不足，因此投资于初创期产业的投资主体可能暂时不能得到投资回报，甚至会亏损。较高的产品成本和价格与较小的市场需求使投资主体面临较高的投资风险。战略性新兴产业也要经历这个初创期，而且，相对于传统产业来说，战略性新兴产业除了“战略性”与“新兴性”两个基本特性外，还具有“科技创新”的特性，这一特性要求前期有较高的研发投入。由于技术的前景和效果、技术产品化、技术面临的市场竞争等多方面的不确定因素，注入企业的资金要承担较高的风险，但收益却很低（熊广勤，2012）。

2. 成长期

随着技术的成熟、生产成本的降低及市场需求的扩大，战略性新兴产业逐步由高风险、低收益的初创期转向高风险、高收益的成长期（熊广勤，2012）。在这一阶段，新行业的产品经过广泛宣传和消费者的试用，逐渐以其自身的特点赢得了大众的欢迎或偏好，市场需求开始上升，新行业也随之繁荣起来，出现了生产厂商和产品相互竞争的局面。这种状况会持续数年或数十年。由于这一原因，这一阶段有时被称为投资机会时期。这种状况的继续将导致生产厂商随着市场竞争的不断发展和产品产量的不断增加而增加，市场的需求日趋饱和。生产厂商不能单纯地依靠扩大生产量，提高市场的份额来增加收入，而必须依靠追加生产，提高生产技术，降低成本，以及研制和开发新产品的方法来争取竞争优势，战胜竞争对手和维持企业的生存。这一时期企业的利润虽然增长很快，但面临的竞争风险也非常大，破产率与被兼并率相当高。在成长期的后期，市场上生产厂商的数量在大幅下降之后便开始稳定下来。

3. 成熟期

成熟期是产业发展的巅峰阶段，一般会持续相对较长的时期。在这一时期，通过竞争生存下来的少数大厂商垄断了整个产业的市场，新企业被排挤在市场之外，产业的利润由于一定程度的垄断达到了较高的水平，而风险却因市场比例比较稳定而降低。总体而言，在产业发展的成熟期，技术风险、市场风险有所下降，企业盈利能力开始提升，现金流也趋于稳定（熊广勤，2012）。

4. 衰退期

在衰退期，由于新产品和大量替代品的出现，原有产业的市场需求开始减少，产品的销量也开始下降，一些厂商开始向其他有利可图的产业转移资金，因而原先的产业开始萧条。在衰退期，厂商的数目开始减少，利润也会不断下降，市场风险随之上升（熊广勤，2012）。

（二）战略性新兴产业不同发展阶段的金融需求分析

战略性新兴产业发展生命周期的多阶段性，决定了其投资价值和投资风险的多样性，也就决定了其在不同阶段对金融需求有不同的规律和特征（图 3-1）。由于不同阶段和各个环节的战略性新兴产业的投资价值、投资风险不同，对资本需求的方式和数量也不同，从而也就会使用不同的金融工具，采取不同的融资方式，需要不同的金融政策和服务安排（李奎和陈丽佳，2011）。

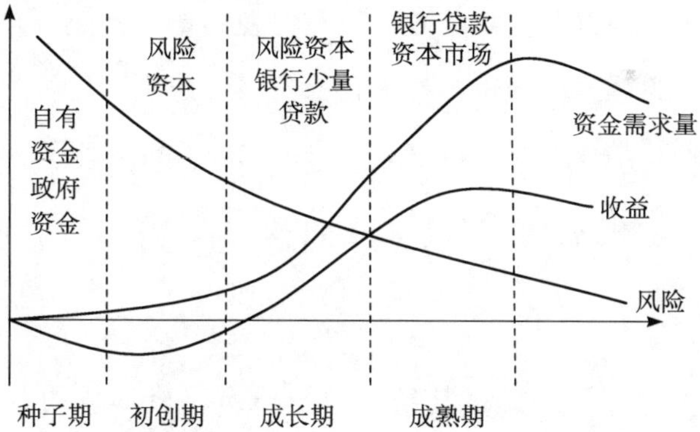

图 3-1　战略性新兴产业资本需求、收益与风险特征

相对于传统产业来说，战略性新兴产业是技术密集型和资本密集型产业，劳动生产率高，产品的附加值也高，同时也要求较高的研发经费投入。由于技术的前景和效果、技术能否产业化、技术的生命周期、技术面临的市场竞争等多方面的不确定因素，注入企业的资金要承担相应的技术风险，因此，战略性新兴产业金融需求的特点就是高风险性。具体到产业成长的不同阶段，其对金融需求的特点也不同。

1. 种子期的金融需求

当战略性新兴产业处于种子期时，大部分企业主要从事产品的研究开发，基本处于技术研究开发阶段中后期，只有实验室成果，还没有真正的产品，企业甚至尚未真正建立，但创业者能够确认其未来的产品在技术上是可行的，有巨大的市场前景。此时，企业或项目的整个财务处于亏损期，没有收入来源，无正式的销售渠道，只有费用支出，无直接的投资回报。因为没有投入正式的生产运营，种子期对资金的需求往往较小，但风险较大，导致金融机构对其评级很低。商业金融机构一般不大愿意对处于该阶段的战略性新兴产业提供金融支持，因此不仅需要国家相关产业政策的扶持，更需要有一个健全的政策性金融体系来满足其融资需求。这一时期产业发展所需要的资金主要是政府研究开发资金、创业者自有资金或自筹资金，少部分能获得一些天使投资。一般而言，种子期的战略性新兴产业很难得到商业风险投资、大企业的股权投资或商业银行的外部债券融资。

2. 初创期的金融需求

初创期是创业人员将其经过种子期研究所形成的具有商业价值的项目成果，通过创业来实现科技成果向产业化转化的阶段。这个时期的资金主要用于产品开发和市场开发，以形成生产能力。企业资金除了花在“中试”上外，投入到广告和其他摊销费用上的也较多，但当前销售收入有限，企业财务仍处于困难阶段。这一阶段的风险更多地表现为创业风险，即把科技成果转化为工业化生产过程的各种技术风险、产品风险、市场风险等。相对于种子期来说，这一时期的技术风险有所降低，但市场风险和财务风险则变得较为突出，因为由技术转化形成的产品能否得到市场的认可并不仅仅由技术本身所决定。战略性新兴产业产品的市场风险总是存在并且在产品推广时期发挥着决定作用。当战略性新兴产业处于这一时期时，虽然企业的信用评级逐步提高，但要取得外部融资仍然十分困难，除创业者的自有资金外，其现金流主要来源于产品销售或是对上下游企业的商品贸易融资，可以获得的资金来源主要有企业留存盈余、企业内部员工借款、民间借贷、通过信用担保机构担保贷款、政府基金、风险投资、融资租赁、票据融资、典当融资和股权的场外交易等。由于存在很高的风险，以谨慎为原则的商业银行往往不会为处于该时期的企业提供融资信贷。这一时期，政府设立的扶持性创业基金将起到明显的支持作用。

3. 成长期的金融需求

当战略性新兴产业发展到成长期，大部分企业的产品已经进入市场，技术风险大幅度下降，企业销售收入、现金流量逐渐趋于稳定，但需要更多的资金以扩大生产规模和市场开发，不断完善产品和进一步开发出更具有竞争力的产品。企业面临的主要风险已转移到管理运营风险及规模化生产而形成的资金需求缺口的风险上来。追加扩张投资使企业的资金需求猛增，同时随着企业规模的扩大，可用于抵押的资产增加，信用透明度也有所提高。这一时期企业的融资选择呈现多样化，可通过银行短期贷款、企业内部员工借款、民间借贷、企业间的商业信用、信用担保机构担保融资、政府基金、风险投资、商品贸易融资、融资租赁、典当融资和股权的场外交易等方式获得融资。除了一些国家和地区重大高科技项目外，这一时期政府的投入减少，而商业风险投资机构是主要的投资者。同时，商业银行具有“盈利但是现金缺乏”阶段的进入原则，企业为了避免股权进一步稀释，双方都有积极性实现债务融资，一些实力雄厚的商业银行开始愿意向企业提供抵押担保贷款，以获得高速发展中企业的一部分收益。可见，虽然此时企业急需资金，但对外融资的地位却从被动逐渐转为相对主动。

4. 成熟期的金融需求

当战略性新兴产业处于成熟期时，已经成长出一批具有相当实力的企业，整个行业的经验业绩高速增长，经营风险降低，企业的人才素质、组织结构、信息管理、技术水平、营销服务等各方面都发生了质变。这一阶段的风险主要是转型风险，即在转型过程中，因涉及大量资源的重组和转换而带来的企业经营收益上的波动和企业转型失败的可能。处于成熟期的战略性新兴产业，为进一步扩张产业规模和产业范围，对资金的需求量仍然很大，但由于投资风险大幅降低，成熟期企业的融资能力增强。总体而言，在产业发展成熟期，技术风险、市场风险有所下降，企业盈利能力开始提升，现金流也有了保障，进而企业的信用评级进一步改善。此阶段一些大中型企业经营业绩稳定，资产收益率高，资产规模较大，可抵押的资产越来越多，企业开始通过增加长期债务等方式增加财务杠杆的作用来进行融资，而商业银行等比较稳健的金融机构对战略性新兴产业的放贷意愿也明显增强，获得银行贷款的总体难度降低。同时，发展较为成熟的企业还可以通过发行债券、员工认股、资产证券化等方式融资。但在成熟期的上半段，部分企业虽然增长较快，但其规模和盈利水平还达不到主板市场的上市要求，这时就需要创业板市场。创业板市场既为战略性新兴产业直接融资提供了条件，也为风险投资的增值和退出提供了通道。此外，这一阶段还应通过产权交易、场外交易等方式给风险投资提供良好的退出机制。

第三节 战略性新兴产业企业金融需求分析

战略性新兴产业企业在不同发展阶段有不同的融资需求、资金来源和资本结构，企业金融成长周期理论部分弥补了新优序融资理论的缺陷，揭示了企业在不同生命周期阶段的融资特点和融资来源。Weston 和 Brigham（1981）在 20 世纪 70 年代提出了企业金融成长周期理论（financial growth cycle），把企业金融生命周期分为三个阶段，即初期、成熟期和衰退期，认为企业在不同发展阶段的资本结构、销售额和利润等指标决定着企业的资金来源方式。后来 Weston 和 Brigham 根据实际情况对模型进行扩展，把企业分为六个发展阶段，即创立期、成长阶段Ⅰ、成长阶段Ⅱ、成长阶段Ⅲ、成熟期和衰退期，并揭示了不同阶段企业的资金来源和潜在问题，见表 3-1。

表 3-1 不同阶段的融资来源

阶段	融资来源	潜在问题
创立期	创业者自有资金	低资本化
成长阶段Ⅰ	自有资金、留存利润、商业信贷、银行短期贷款、透支、租赁等	存货过多、流动性危机
成长阶段Ⅱ	以上资金来源、金融机构长期资金	金融缺口
成长阶段Ⅲ	以上资金来源、证券发行市场	控制权分散
成熟期	以上全部资金来源	保守的投资回报
衰退期	金融资源撤出企业并购、股票回购、清盘等	下降的投资回报

资料来源：Weston and Brigham，1981

一、样本企业金融需求分析

战略性新兴产业的金融需求归根结底就是企业的融资需求，即战略性新兴产业企业的金融需求，为了进一步了解战略性新兴产业企业的金融需求特性，本课题组对战略性新兴产业企业金融需求进行了问卷调查。

首先，本课题组对广东省战略性新兴产业企业的融资需求作了调查。从本次调查结果来看，在问到制约企业进一步发展的主要障碍时（表 3-2），46.1％的企业选择了资金短缺。从总体上来说，样本企业对资金的需要还是比较迫切的。其他障碍还包括：市场竞争激烈、政策环境不理想、内部管理不科学、人才缺乏等。其中，资金短缺和融资渠道不畅、资金来源单一成为广东省多数战略性新兴产业企业面临的普遍性问题，对其进一步发展产生了“瓶颈”制约作用。其融资的总体情况如下。

表 3-2　制约企业进一步发展的主要障碍

障碍	响应		个案比重/％
	个数	比重/％	
资金短缺	70	18.7	46.1
融资渠道不畅	49	13.1	32.2
政策环境不理想	55	14.7	36.2
人才缺乏	88	23.5	57.9
市场竞争激烈	73	19.5	48.0
内部管理不科学	11	2.9	7.2
市场有效需要不足	25	6.7	16.4
其他	4	1.1	2.6
总计	375	100.0	246.6

资料来源：本课题组于 2011 年 6～12 月进行了题为“广东省战略性新兴产业金融支持现状调查”的问卷调查，并经统计软件 SPSS17.0 统计输出结果

（一）企业普遍存在资金缺口

从回收的问卷来看，被调查的样本企业中有 10.1％的企业没有融资需求，其余 89.9％的战略性新兴企业都需要资金支持，资金需求量在 3000 万元以上的比重最大，占样本企业数的 56.8％，其次

为资金需求量在500万~1000万元和1000万~3000万元的，各占11.5%、16.9%，资金需求量在100万~500万元及100万元以下的所占比重较小，各占0.6%和4.1%（表3-3）。可见，绝大部分的广东省战略性新兴企业都需要资金来支持其发展壮大，且很大部分企业的资金需求量较大，也说明战略性新兴产业是资金密集型产业，需要对企业融资给予支持。

表3-3　资金需求量　（单位:%）

发展阶段	无融资需求	100万元以下	100万~500万元	500万~1000万元	1000万~3000万元	3000万元以上	合计
初创期	0	0	0	25	0	75	100
初步发展阶段	7.5	2.5	5	17.5	25	42.5	100
高速发展阶段	8.2	0	4.1	6.8	15.1	65.8	100
成熟期	19.4	0	3.2	12.9	12.9	51.6	100
总计*	10.1	0.6	4.1	11.5	16.9	56.8	100

*指各种融资需求企业数占总企业数的比例

资料来源：同表3-2

按照Gort和Klepper的产业生命周期理论，企业的发展依次经历初创期、成长期、成熟期和衰退期。对新兴企业来讲，也存在着企业的生命周期循环。在企业创业初期，新兴企业先期的投入金额是十分巨大的，一旦产品研制成功，批量生产的变动成本就会迅速下降，而一旦失败，先期投入的金额面临着无法收回的风险。此时，风险主要集中在产品的开发是否成功，产品是否符合市场需求等方面，所以，新兴企业创业初期面临着较大的风险，大量企业在这个阶段就被淘汰了。企业在成长阶段，企业的销售收入快速增长，企业经历了一定的发展，这时企业面临的主要风险在于经营风险，具体表现为企业是否具有按市场需求继续创新的潜力，能否在现有条件下继续扩大经营，继续扩大产品的市场占有率。因为原有的产品和服务取得较显著的成绩后，会有一些跟随者迅速加入竞争行列。当企业处于成熟阶段时，企业面临的风险相对较小，处于这个阶段的企业主要业务已经稳定下来，产品的销售量和销售额保持在较高和较为稳定的状态，企业的产品具有了一定的竞争力，并保持了一定的市场占有率，企业的各项制度也较为完善，企业抵御风险的能力大大提升，这时企业面临的风险主要是组织风险，主要表现为：由于企业较为稳定而丧失创新精神、对市场需求的变化不再敏感、企业组织系统协调性差等。衰退阶段的企业面临较大的风险，这时企业随时存在倒闭破产的可能，企业的经营业绩急剧下滑，企业的产品已经不再符合市场的需求，企业内部管理混乱，人才流失等现象严重。

从企业各个发展时期的资金需求量来看（表 3-3），初创期的企业资金需求量较大，75％的企业资金需求量在 3000 万元以上，说明战略性新兴产业企业的前期资金投入较大；除了初创期，在企业发展的初步发展阶段、高速发展阶段、成熟阶段中对资金的需求量也较大，资金需求量在 3000 万元以上的占比分别达到 42.5％、65.8％、51.6％，说明企业的后期发展也需要大量的资金投入，即使在成熟阶段，部分企业也存在着较大的资金缺口，成熟阶段的企业只有 19.4％不需要融资。总体来讲，战略性新兴产业融资需求有其特有的特点，由于科技含量高、先期投入大等原因，企业成长周期的各个阶段都需要较多的资金支持。

从样本企业所属行业的资金需求情况来看（表 3-4），新能源、新材料、新能源汽车的资金需求额度集中在 3000 万元以上，超过 70％。生物医药行业各个融资需求额度都比较平均，这有可能和该行业企业的规模大小不平衡有关。总体上来看，资金需求额度超过 1000 万元以上的占绝大部分，说明战略性新兴产业的各行业的资金需求都很强。

表 3-4　资金需求额度　（单位：%）

所属行业	无需融资	100 万元以下	101 万～500 万元	501 万～1000 万元	1001 万～3000 万元	3000 万元以上	合计
新能源	14.3	0.0	0.0	0.0	7.1	78.6	100.0
生物医药	21.7	4.3	4.3	17.4	26.1	26.1	100.0
新材料	2.5	0.0	2.5	7.5	10.0	77.5	100.0
节能环保	0.0	0.0	6.3	25.0	18.8	50.0	100.0
高端电子信息	0.0	8.0	8.0	8.0	16.0	60.0	100.0
高端装备制造	36.4	0.0	18.2	0.0	9.1	36.4	100.0
新能源汽车	25.0	0.0	0.0	0.0	0.0	75.0	100.0
LED 产业	33.3	0.0	0.0	0.0	11.1	55.6	100.0
其他	7.7	0.0	0.0	30.8	38.5	23.1	100.0
总计*	11.0	1.9	4.5	11.0	16.1	55.5	100.0

* 指各种融资需求企业数占总企业数的比例

资料来源：同表 3-2

（二）融资结构不尽合理，过于依赖内源融资和银行信贷

如图 3-2 所示，2010 年，样本企业中所得融资额，绝大部分资金来源于自有资金和银行贷款，其中，自有资金约占 45%，银行贷款约占 39%。而上市融资仅占总额的 7.16%，民间借款和风险投资总共不到 1%。这充分说明，金融支持的作用还存在很大的空间，带动社会资金投向战略性新兴产业中处于早中期阶段的创新型企业，鼓励民间资本投资战略性新兴产业，拓展新兴产业的融资渠道，最大限度地促进科技创新突破。再者，风险资本与科技型企业的风险收益要求相得益彰，两者的相互扶持也许是解决科技型企业融资难问题的出发点。广东省风险投资起步较晚，总体规模偏小，再加上投资机制尚不完善，远远不能满足科技型企业的孵化需求，所以要积极引导风险投资进入科技型企业，带动民间资本扶持战略性新兴产业企业。

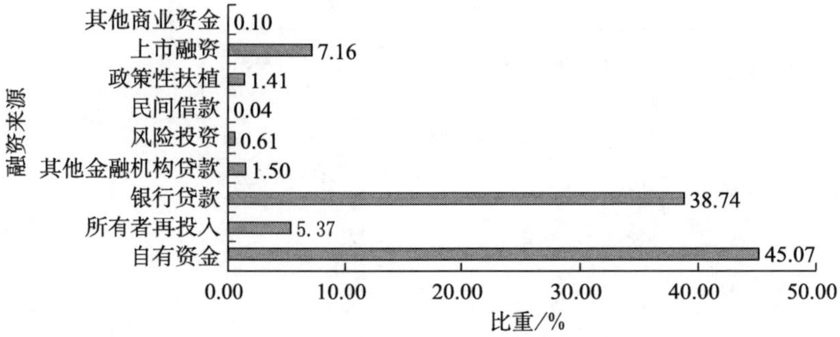

图 3-2 样本企业 2010 年所得融资来源

资料来源：本课题组于 2011 年 6～12 月进行了题为“广东省战略性新兴产业金融支持现状调查”的问卷调查，并经统计软件 SPSS17.0 统计输出结果

（三）上市融资的比重偏小，但有进一步发展的趋势

上市融资数据汇总结果如下（图 3-3）：20.57％的企业已经上市，42.55％的企业准备在国内上市。这表明目前上市融资对新兴企业的支持力度在慢慢加大。在没有上市的原因中（表 3-5），排在第一的是“审批程序复杂、手续烦琐”，占 21.2％；其次是“上市门槛过高”和“上市成本太高”。调查结果显示，企业希望政策能够提高审批效率，改善上市的条件和门槛，建立真正的创业板市场。

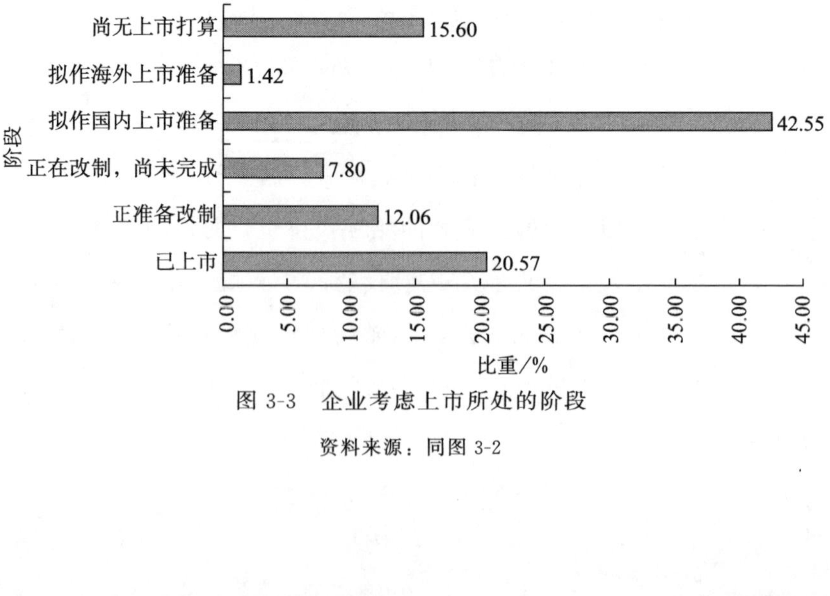

图 3-3 企业考虑上市所处的阶段

资料来源：同图 3-2

表 3-5 样本企业上市的障碍

上市的主要障碍	响应		个案比重/%
	个数	比重/%	
上市成本太高	57	16.6	41.3
上市披露制度太严格	27	7.8	19.6
上市的风险太大	26	7.6	18.8
上市门槛过高	55	16.0	39.9
政策法规上的障碍	34	9.9	24.6
企业改制的困难	19	5.5	13.8
企业自身产权、财务、管理等问题	40	11.6	29.0
寻找保荐机构难	10	2.9	7.2
审批程序复杂、手续烦琐	73	21.2	52.9
其他	3	0.9	2.2
总计	344	100.0	249.3

资料来源：同表 3-2

(四) 政策性支持及中介服务机构发展无法满足企业的发展需求

从担保机构对融资需求的影响来看，本次调查中样本企业在回答“中小企业信用担保机构对缓解融资难问题是否起到了应有的作用”的问题时（图 3-4），有 51.57%认为担保机构是有作用的，甚至有 21.6%的企业认为有重要作用。所以，健全社会担保体系对战略性新兴企业的融资难问题有很大的缓解作用。总体来说战略性新兴企业的自身规模，并没有占很大的优势，没有足够的自有资本，特别是固定资产进行抵押贷款，只能依靠担保贷款。但目前真正为科技型企业提供担保服务的机构并不多，针对中小型科技企业的更是屈指可数。所以，因担保资金来源不足、担保资金不能有效规避风险、融资方式单一等问题而难以有效运作。

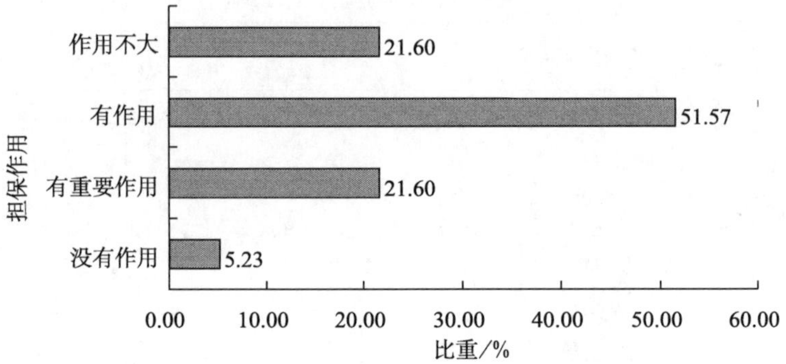

图 3-4　担保机构对缓解融资难问题的作用

资料来源：同图 3-2

二、产业园区对战略性新兴产业金融需求效应分析

广东产业园区作为战略性新兴产业集群的具体形式，具有其基本的生命力和优势：交易成本低、专业化协作与分工、企业风险低、对外构成一定壁垒、谋求地区和民族利益最大化等。广东省战略性新兴产业企业的发展离不开产业园区的建设和支持，但产业园区的融资问题是进一步建设民营科技产业园区的关键。

（一）产业园区建设对广东省战略性新兴产业企业金融需求的效应分析

首先，产业园区建设有利于降低广东省战略性新兴产业企业融资成本和信贷风险。银行通过向园区内同一产业的众多战略性新兴产业企业贷款而获得规模经济效应，降低贷款风险，从而融资成本有所下降。另外，由于经济增长率较高，产业区的资本积累更快，通过银行货币的乘数效应进一步扩大，将会加大贷款规模，投资增加。

其次，产业园区建设有利于信用担保产生正的效应，减少逆向选择和道德风险的发生。由于园区中众多企业围绕产品系列经营，企业的产业特性比较容易把握，担保公司容易从客户企业在产业链条中的地位、关联状况等方面判断企业的实际融资需求。这将有助于担保公司对贷款申请企业的发展状况进行评价。特别是对产业园区的战略性新兴产业企业而言，担保公司无须进行逐一的行业分析。以上因素增加了担保公司和企业之间的信息对称性，使得担保公司能比一般金融机构更有效地对申请贷款企业进行事前风险甄别，减少了不利选择的发生。再者，由于企业具有地理上的根植性，即离不开这个具有产业文化背景和制度环境的区域。因此区域的商业信誉也使他们不愿意更改贷款计划，从而降低了道德风险发生的概率。

再次，产业园区建设有利于战略性新兴产业企业获取抵押担保贷款，增加抵押物的范围。产业园区内的企业大多是同一系列的产品或者是产品的上下游供应链，这样，银行能够以较低的评估费用确定抵押物或质押物的价值；而且在企业无力偿还贷款时，银行可以把抵押物或质押物直接出售给集群内的其他企业，许多专业性的抵押物或质押物在其中能真实地体现价值。因此，银行可以适当放宽抵押或质押的苛刻条件。园区内战略性新兴产业企业可以通过相互担保，联合担保或互保等形式来节省专业担保机构的介入费用。

最后，产业园区建设使战略性新兴产业企业更容易获得广东省政府的金融支持。地方政府出于发展本地经济的考虑，会希望提升集群国际竞争力，从而采用降低税率、研究与开发补贴、税费减免、低息或贴息贷款、产业发展基金、出口补贴、科技创新基金、风险投资基金等形式来扶持科技型企业的发展。1996 年广东省按照分税制财政体制的要求重新界定了各级政府的事权和财权，规范了省与市、县的财政分配关系，建立省以下“分税分成”的财政体制，在这种体制下，各级地方政府具有更加独立的财政利益，必将有财力和动力推动产业园区的建设发展，支持战略性新兴产业企业的进一步发展壮大。

（二）产业园区建设的融资需求分析

科技园区作为区域内重要的战略性新兴产业载体之一，其主要功能有孵化创业、研发创新、产业生产、总部经济、居住等。对应于主要功能，科技园区内存在孵化器、研发中心、标准厂房、总部基地、公寓等多种物业业态。随着社会经济的发展，科技园区的功能将继续扩展和延伸，物业业态不断创新发展。在高科技产业化的过程中，基础研究、应用研究及产业化需要的资金是巨大的。所以，加大对科技园区的支持力度，培养科技产业园，也有利于战略性新兴产业的快速发展。

从对产业园区融资需求的访谈来看，目前科技园区的建设资金，如科技园的硬件建设、孵化器建设、园区基础设施等，主要是靠政府和财政出资。融资渠道单一，基本不存在向社会筹资的情况，而且还能享受到许多政策性优惠。可见，广东省对科技企业园区建设的支持力度还是非常大的。因此，应该继续保持政府对科技产业园区建设的支持，同时，实施有力的财政政策，包括制定资金援助政策、税收优惠政策、市场扶持政策等，间接帮助产业园区融通资金，解决融资需求问题。

但是，产业园区的建设仅靠政策和财政的资金支持是不可持续的。强大的金融支持，特别是商业性金融支持对产业园区的建设有着非常重要的意义，它可以使产业园很快形成一定规模，加速高科技的研究和开发。但研究和开发的资金需求并不是短暂的资金需求，产业园区的建设也任重道远。所以发展多元化的融资渠道对广东省产业园区的建设是有利的。比如，建立健全风险投资体系，政府和金融机构对科技产业园区实行了多种方式的优惠信贷和资金融通，采用灵活多样的金融工具从资本市场筹集社会资金，有力地促进了产业园区的建设发展，将产业园区建成具有规模经济效益的区域。

目前，对产业园区的资金投入主要包括以下几个方面。

（1）政府直接投入。政府直接投入资金是园区建设之初的重要资金来源，主要有国家拨款、省市出资。园区的开发建设离不开政府的直接投入。

（2）借贷开发，滚动发展。园区的管理机构以其所属建筑总公司的名义向银行贷款，筹集区内基本建设资金，在实践中，这种融资方式通常与土地转让收入和政府返还的财政收入相结合。在起步阶段依靠银行贷款进行载体开发，招商成功后，再将土地转让收入和政府返还的财政收入“捆绑”进一步投入开发，从而实现“滚动发展”。

（3）政府引导各职能部门“先垫后偿”。把科技园区的基础设施建设纳入所在城市的基本建设总体规划中，按照“谁对口谁承建，谁投资谁收益”的原则，引导市直各职能部门垫资进行科技园区基础设施建设，工程竣工后，用到位的土地出让金结算，或从以后的收益中收回投资。

在新的发展时期，不少产业园区根据新的开发建设实践，着力探索新型的融资方式。归纳起来，主要有以下几种。

（1）发行股票。积极创造条件，推进科技园区所属的建设总公司以在公开市场上发行股票的方式筹集开发建设资金。统计显示，目前在沪深两地证券交易所上市的科技园区类公司已经超过20家。

（2）设立股份有限公司募集资金。在目前不具备上市条件的科技园区，可以通过设立股份有限公司的方式，吸引投资商和社会公众投资入股，募集开发建设资金。

（3）发行建设债券。科技园区管委会可以委托所在城市发改委报省发改委和国家发改委申请发行建设债券，以吸引社会闲散资金投入区内载体开发，但是此种方式具体实施的难度较大。

（4）企业成片开发。将科技园区内的划片功能小区承包给外商或有实力的民营企业投资开发，采取“我定政策，你包片开发；你赚钱，我收税”的开发方式，充分利用外部资金实施科技园区的土地开发和基础设施建设。

（5）补贴企业开发。按照“我出地，你出资，统一规划，利益共享”的原则，天津经济技术科技园区和北京中关村科技园区等采取政府给予开发商一定补贴的方式，鼓励企业投资区内标准厂房等设施建设。

（6）采用“BOT（建设-经营-转让）”的投资方式，将项目经营权出让给外商，加快基础设施的建设步伐，同时使管委会（或总公司）得以全部或部分收回投资。

第四章

战略性新兴产业的金融支持结构体系分析

本章主要分析战略性新兴产业金融支持结构体系的基本情况，以及样本企业金融支持的状况，试图发掘当前金融支持结构体系的特点，为分析战略性新兴产业金融支持存在的问题及提出合理的对策作铺垫。

金融与经济的基本关系应该是：经济决定金融，金融服务经济。金融支持结构应该与经济结构相一致，才能发挥金融对经济发展的促进作用。但是，在整个金融支持结构当中，国有制金融结构还是“一股独大”，而经济发展过程中，集体经济、民营经济及其他经济成分所占比重不断上升。以国有制为主体的金融机构仍主要向国有大中型企业提供金融支持，企业债券发行和股票上市更是偏向于国有或大型成熟发展期的传统企业。然而，战略性新兴产业的投资具有高风险、高收益、高投入和长期性等特点，同时，新兴产业一般与其他产业尚未建立起有效的关联，其产品也往往不够成熟和稳定，不能构成有效的市场需求。这些特点与当前的金融支持结构存在冲突，新兴产业很难像传统产业一样从普通融资渠道获得资金，金融资源缺乏合理的配置。因此，全面分析当前战略性新兴产业的金融支持结构体系，有利于优化金融支持结构，促使金融资源有效合理配置，从而更好地解决战略性新兴产业发展融资瓶颈问题。

第一节　金融支持结构优化理论

一、金融支持结构的界定

对金融支持结构进行的系统性研究可以追溯到戈德史密斯在20世纪60年代的著作——《金融结构和金融发展》。该著作中，戈德史密斯按照金融资产和金融工具的数量、种类和分布描述了金融系统的结构。金融系统的结构特征主要表现为这样一些指标：金融资产的总量与实物资产之间的比例关系，这种关系被称为金融相关率；各经济部门金融资产与负债总量及不同种类的金融工具上的分布；金融机构和非金融经济部门所持有的金融资产和负债之间的关系；各种不同机构的金融资产和负债的比例关系，以及这些资产和负债所采取的金融工具的形式等。目前，大多避繁就简地将金融系统的结构分为两大类：市场导向支持结构和银行导向支持结构。在市场导向结构中，资本市场及同金融密不可分的非银行金融中介具有重要的地位和作用，直接融资占主导地位；而在银行导向结构中，存款货币银行及类似机构在金融系统中占据了统治地位，以间接融资为主导。

金融支持结构的各种分类和定义，反映出不同学者在不同时期、不同经济背景下对金融结构的理解，为进一步研究战略性新兴产业金融支持结构打下了良好的基础。笔者认为，金融支持结构的定义需把握以下三点：一是结构原理。结构问题构成总体的各组成部分是如何搭配、排列的，其相对规模、比例、相互之间的关系及对总体功能的影响等。金融结构是要研究构成金融系统的各要素的组成情况。二是反映金融特性。金融系统构成是复杂的，反映金融系统构成的金融结构也必然是复杂的，不是由一两个金融因素简单决定的，而是由若干层次的金融要素共同决定的。三是便于分析研究。这也是最主要的原因。为了不同的研究目的，可以对金融结构进行不同的分类。鉴于此，本书认为，金融支持结构是构成金融系统的各主要金融要素的相对规模、联系方式和组合状态，是金融工具结构、金融机构结构、金融市场结构（殷剑峰，2006）。

二、金融支持结构优化理论

（一）动态最优金融结构理论

什么是“最优的金融结构”？李茂生（1987）最早给出定义，即“合理的、优化的金融结构就是一定时期内最能发挥金融在国民经济中的促进和调节作用的结构。能够为有计划地利用金融这个中介环节来合理地调节人与自然的物质变换，通过对资金的有效调节，实现用最小的消耗而获得最大效果的目标”。归纳起来就是如何使“金融对经济的发展和经济结构的形成的决定性影响”（李茂生，1987）。

王兆星（1991）认为，最优或最理想的结构是相对的，它们只能在不断地创新中实现。金融结构是一个质与量相统一的相对独立系统。“金融结构是否合理或优化的质量标准，就是看金融结构的各个层次之间及其内部是否协调。其总体功能和效率是否得到充分的发挥。在量的方面，要求间接融资与直接融资、计划融资与市场融资、有组织融资与民间自由融资、信贷融资与证券融资、银行融资与其他金融机构融资及金融系统与非金融系统融资保持合适的比例关系。”（蔡则祥，2005）

尽管银行信贷和资本市场在企业发展的各个阶段具有不同的比较优势，但是我们并不能因此断言市场优于银行或者银行优于市场。因为，既然科学技术存在着由不成熟到成熟的自然演进过程，那么，理想的金融系统应该是能够适应这个过程的。而且，现实经济中还存在着各种复杂的创新型科学技术，对于每一类技术所要求的金融支持手段显然都不可能是完全相同的。换言之，既然包括银行在内的各种金融中介和各种金融市场在金融功能的发挥上具有不同的比较优势，那么，理想的金融系统当然应该将这些不同的优势有机地糅合在一起。在这样的有机糅合中，各种金融手段既是相互补充的，也是相互竞争的。

（二）金融结构优化的两个标准

通过以上的分析可以看到，最优金融系统的形式都是不完全相同的，很难给出一个放之四海而皆准的形式。然而，无论具体形式如何，从按需分配经济增长的角度看，最优的金融系统应该满足以下两个基本标准。

第一，相对优化的金融结构应该具备齐全的金融功能。这是因为任何经济发展进程中都存在着由不成熟到成熟的自然演进过程，而且，现实经济中的生产技术复杂多样。显然，单纯的市场导向和单纯的银行导向都不能满足这样的标准。为了适应不同类型的技术及处于不同演进阶段的技术，一个功能齐全的金融结构系统至少应该包括以下组成部分。

为新技术提供融资的资本市场。在这种市场中，获得融资的企业大部分处于成长期，企业所用的技术是不成熟和不被熟知的。为此，如何在保证那些优秀企业或技术脱颖而出的同时，降低市场运行风险，是建设这类市场所面临的两难问题。在中国，这类市场被称为“中小企业板”或“二板”。

为成熟技术融资的资本市场。在这种市场中融资的企业一般是那些成熟的大型企业，其技术前景的不确定性较少。这里，市场主要的作用不仅在于适时、充分地发布那些标准化信息，以提高透明度，还在于通过兼并收购，获得企业内部控制权，从而提高对既定技术的利用效率。

与金融市场联系密切的非银行金融中介，不仅是可标准化信息的生产者和销售者，更是受托资产组合管理者，它们可以获得信息利用的规模效应。这些受托资产组合管理者就是以各类共同基金为主体的“机构投资者”。

第二，最优的金融结构不仅应该是功能齐全的，而且还应该是富于弹性的。也就是说，它可以适时根据技术的演进和不同技术对金融功能的需要，来安排恰当的融资方式。融资模式变化一方面意味着在各种市场和中介之间存在着充分的竞争性，另一方面也说明，在特定的时刻，金融系统中的某些组成部分会因为其功能的暂时丧失而发生萎缩。从投融资的角度看，功能的丧失表现为资金拥有者和资金需求者不再使用这些市场或者中介，这就是所谓的“脱媒”。但是，对银行业而言，功能的丧失却常常会引起可怕的银行危机。所以，富于弹性的系统应该能够在保证充分竞争性的同时，降低金融风险，防止单个金融机构的竞争失败演变为大范围危机（殷剑峰，2006）。

总之，在优化金融结构过程中，两类金融系统都面临着如何完善金融各级组织的功能和怎样使金融系统更加富于弹性的问题。所以，目前金融系统的结构调整主要体现为如何构建适合中小科技型企业的金融市场及促进机构投资者的发展。

第二节　政策性金融

一、政策性金融供给分析

政策性金融对战略性新兴产业的发展和升级的培育主要是通过信贷渠道实现的。政策性金融对信贷的支持作用可以分为两个方面。第一，是政府通过直接干预的方式，引导政策性金融机构增加战略性新兴产业方面的信贷活动，如政策性贷款中的国家政策性银行发行贷款。第二，间接干预的方式，即政府通过政策性担保、财政贴息等方法，引导商业性金融机构倾向战略性新兴产业的信贷活动（图 4-1）。

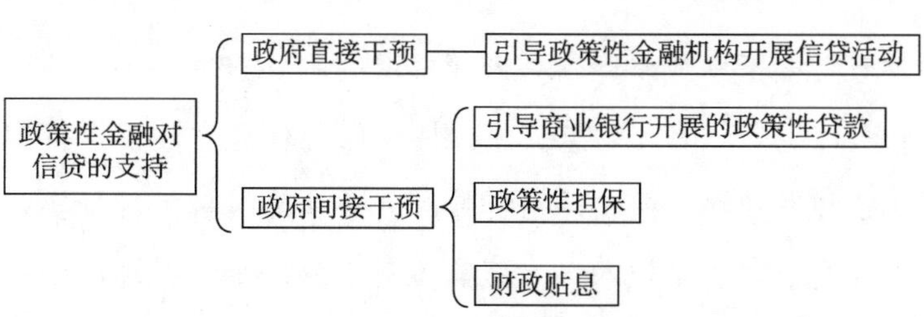

图 4-1　政策性金融对信贷支持的方式

（一）政府直接干预战略性新兴产业发展的主要方式

为引导国家政策性银行即国家开发银行、中国进出口银行和中国农业发展银行发放贷款，2007 年 9 月，广东省科技厅曾与国家开发银行广东省分行签署额度为 180 亿元的《科技与开发性金融合作协议》。协议提到，在 5 年内，国家开发银行广东省分行按照风险准备金 1∶20 的比例，为广东全省科技型中小企业提供 180 亿元贷款。

2007 年 11 月，科学技术部与中国进出口银行签署了《支持自主创新战略实施科技金融合作协议》，协议提到，在 5 年合作期内，中国进出口银行向国家科技计划项目和重点科技工作提供政策性贷款和投资支持，将国家重大专项、国家科技计划项目、科技创业风险投资项目作为未来重点合作领域。

2009 年，广东省科技厅与中山、珠海、东莞联合设立规模为 1.5 亿元的“联合科技贷款风险准备金”。截至 2012 年 3 月，已累计为科技型企业提供了 3375 万元风险准备金质押，撬动银行发放贷款超过 10 亿元，风险准备金实际放大倍数达到 30 余倍，极大地发挥了财政专项资金支持科技创新的杠杆效率，致力于缓解广东省科技型企业发展资金不足和融资难等普遍存在的问题。

（二）政府间接干预战略性新兴产业发展的主要方式

政府间接干预战略性新兴产业发展的主要方式为委托商业银行执行政策性贷款、财政贴息、政策性担保等任务。政策性贷款主要包括科技开发贷款、星火计划贷款、电子计算机技术开发贷款、火炬计划开发贷款、高技术开发区贷款等。2008 年 11 月，广东省科技厅与招商银行广州分行签订了 50 亿元的战略合作协议，招商银行专门出台了针对中小企业的信贷政策，其中把科技型、高技术含量的中小企业作为重点支持的对象，提供专项规模授信支持，产品包括但不限于中长期项目贷款、短期流动资金贷款、贴息贷款、贸易融资、贷款承诺等。

财政贴息、政策性担保。2011年7月，广东省政府发布了《广东省战略性新兴产业政银企合作专项资金管理暂行办法》，设立战略性新兴产业政银企合作专项资金，在2011～2015年的五年内统筹安排50亿元，通过政银企合作贷款贴息的方式，对获得合作金融机构贷款的战略性新兴产业企业项目所实际支付的利息给予补助（粤财工〔2011〕315号）。

2011年8月，广东省政府发布了《关于贯彻落实国务院部署加快培育和发展战略性新兴产业的意见》，“十二五”期间，将集中投入220亿元支持战略性新兴产业的发展，其中将安排部分资金设立战略性新兴产业发展专项资金，重点用于支持高端新型电子信息、新能源汽车、半导体照明三大产业，通过采取贷款贴息、担保贴息、无偿补助等多种方式支持。

二、样本企业政策性金融供给分析

在对企业目前了解的税收优惠政策的调查（表4-1）中，应答的152家样本企业中（3家缺失），有150家企业了解“高新技术企业所得税15%优惠”，约占企业总数的98.7%；有124家企业了解“企业研发费用税前加计扣除”，约占企业总数的81.6%；有43家企业了解“技术转让所得的优惠政策”，约占企业总数的28.3%；有23家企业了解“软件和集成电路企业税收优惠”，约占企业总数的15.1%。从总体情况来看，企业对目前的税收优惠政策基本了解，特别是对共性的税收优惠政策了解比较清楚。对于以上税收优惠政策（图4-2），有73%的样本企业享受过，26%的企业没有享受过。

表 4-1 企业了解的税收优惠政策

企业了解的税收优惠政策[a]	响应		个案比重/%
	N/个	比重/%	
高新技术企业所得税 15%优惠	150	44.1	98.7
软件和集成电路企业税收优惠	23	6.8	15.1
企业研发费用税前加计扣除	124	36.5	81.6
技术转让所得的优惠政策	43	12.6	28.3
总计	340	100.0	223.7

a. 值为 1 时制表的二分组

资料来源：本课题组于 2011 年 6～12 月进行了题为“广东省战略性新兴产业金融支持现状调查”的问卷调查，并经统计软件 SPSS17.0 统计输出结果

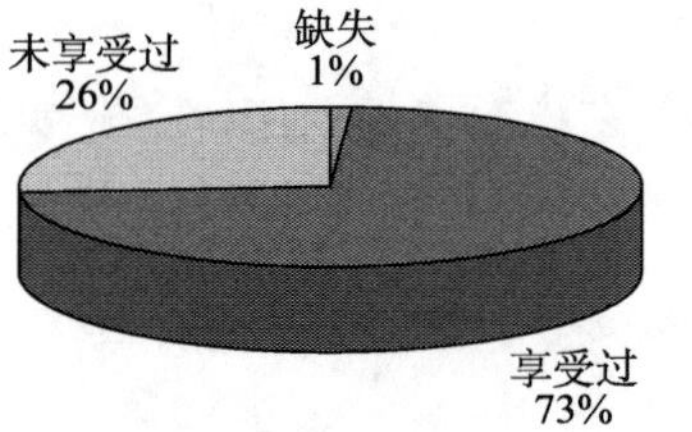

图 4-2 是否享受过税收优惠政策的企业分布状况

资料来源：同表 4-1

在应答的 155 家企业（图 4-3 和图 4-4）中，目前享受到的财政优惠政策比重从大到小依次为：专项建设资金、财政直接补贴、财政贴息、财政担保。其中，享受专项建设资金的企业有 83 家，将近样本企业的一半；享受财政直接补贴的企业有 52 家，占总数的 27%；享受财政贴息的企业有 36 家，占总数的 19%；享受财政担保的企业有两家，只占 1%；另外，除了问卷中的四种财政优惠政策，还有些企业享受产学研资助、政府科研资金等财政支持。通过以上分析可知，政策性金融支持的力度主要集中在专项建设资金、直接补贴等直接支出方式上，对于财政担保，显然还有很大的发展空间。

在对企业获得的专项建设资金项目情况（多选题）的调查（表 4-2）中，目前企业已获得的项目主要包括省财政战略性新兴产业资

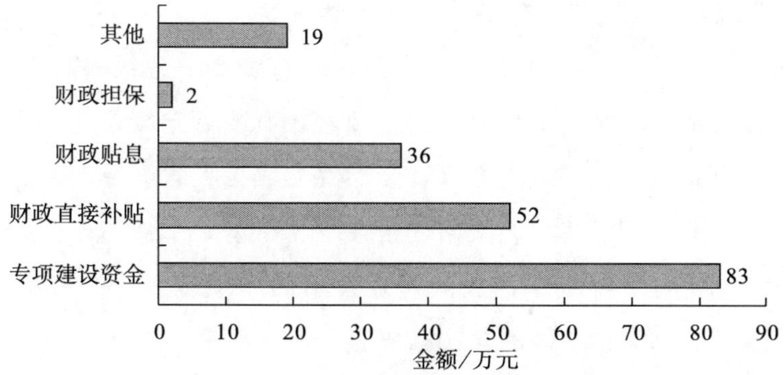

图 4-3　企业目前享受的财政支出政策

资料来源：同表 4-1

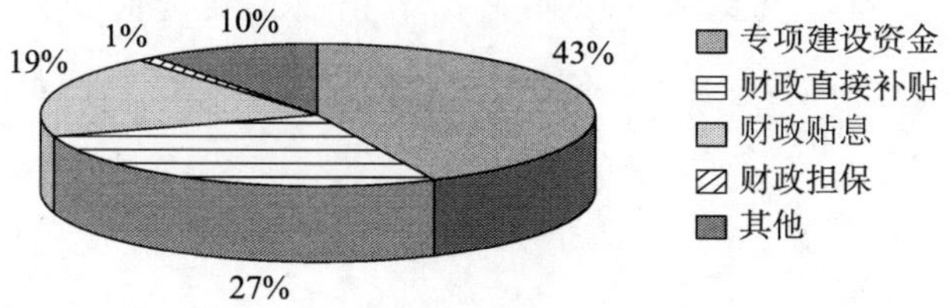

图 4-4　财政支出政策各项目的比重

资料来源：同表 4-1

表 4-2　企业获得专项建设资金项目情况

获得的资金支持*	响应		个案比重/%
	个数	比重/%	
省财政战略性新兴产业资金	47	11.5	32.4
省级重大科技专项资金	56	13.7	38.6
省级产学研专项资金	75	18.3	51.7
省级挖潜改造专项资金	59	14.4	40.7
国家或省科技型中小企业创新资金	32	7.8	22.1
省级科技其他专项	39	9.5	26.9
国家火炬计划	30	7.3	20.7
地方政府财政支持情况	36	8.8	24.8
财政补助收入	20	4.9	13.8
其他支持	7	1.7	4.8
无	8	2.0	5.5
总计	409	100.0	282.1

*值为 1 时制表的二分组

资料来源：同表 4-1

金、省级重大科技专项资金、省级产学研专项资金、省级挖潜改造专项资金、国家或省科技型中小企业创新资金、省级科技其他专项、国家火炬计划等。专项支持主要集中在省级产学研专项资金，占18.3%；省级挖潜改造专项资金，占14.4%；省级重大科技专项资金，占13.7%；省财政战略性新兴产业资金，占11.5%。对于这些省、市政府扶持战略性新兴产业发展的专项资金，调查结果显示：除了77.7%的企业希望无偿补助，有12.84%的企业希望贷款贴息，4.73%的企业希望以以奖代补的方式使用；3.38%的企业希望以成果奖励的方式使用。调查结果中未涉及风险投资和人才奖励两方面的选项，主要原因可能是样本企业主要为高速发展和成熟期的企业，风险投资和人才方面的支持更适合处于初步发展阶段的企业。

第三节　银行信贷

一、商业银行信贷供给条件分析

银行信贷规模稳步增长。商业银行的信贷支持是战略性新兴产业融资的重要来源，广东省政府在《广东省战略性新兴产业“十二五”规划》中提出要鼓励和引导金融机构建立适应战略性新兴产业特点的信贷管理和贷款评审制度，加大对战略性新兴产业的信贷支持。商业银行也正在努力优化资金投向结构，增加对新兴产业领域的信贷投入。广东省保持货币信贷平稳运行，全省新增存、贷款均居全国首位，存、贷款数额稳步增长（表4-3、图4-5），截至2010年12月底，广东省各金融机构各项存款余额达到79 957.97亿元，各项贷款余额达到47 191.56亿元，存贷款差额也增加到32 766.41亿元，在存贷款余额稳步增长的同时，存贷款差额继续拉大，巨大的存贷款差额一方面保障了银行的安全性，控制了银行的贷款风险，另一方面，降低了银行的盈利水平，巨大的存贷差也使商业银行为战略性新兴产业的信贷支持提供了可能。

表 4-3　近年广东省金融机构存贷款情况（单位：亿元）

年份	全部金融机构各项存款	全部金融机构各项贷款	存贷差
2004	32 984.70	21 364.57	11 620.13
2005	37 736.45	22 543.81	15 192.64
2006	42 775.29	24 989.41	17 785.88
2007	48 190.86	29 326.88	18 863.98
2008	55 086.59	32 507.47	22 579.12
2009	67 742.59	39 683.65	28 058.94
2010	79 957.97	47 191.56	32 766.41

资料来源：根据中国金融年鉴编辑部出版的《中国金融年鉴》（2004～2010 年）相关数据整理

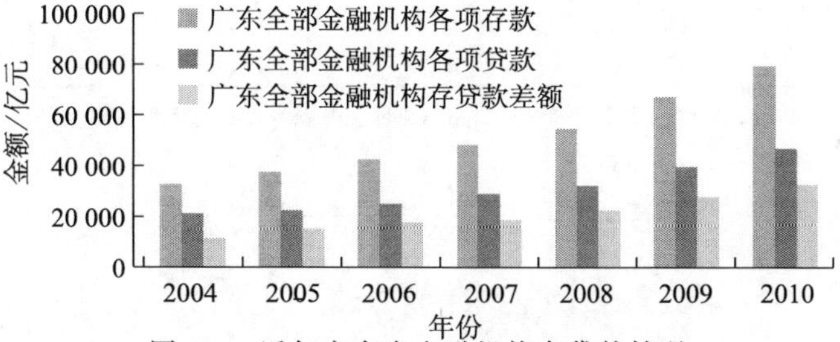

图 4-5　近年广东省金融机构存贷款情况

资料来源：根据中国金融年鉴编辑部出版的《中国金融年鉴》（2004～2010 年）相关数据整理

贷款期限结构改变，中长期贷款占比提高。近几年，广东省金融机构的贷款总量不断增长，贷款的期限结构不断进行调整，银行部门在改善贷款期限结构的同时注重优化投向，通过实行有进有退的信贷政策，努力增加对实体经济和弱势领域的资金投入。尤其对信息传输、计算机服务和软件业等新型电子信息行业，以及以高科技为依托的技术密集、资本密集的新兴产业的新增贷款显著增多。金融机构在贷款期限结构调整中加大了中长期贷款在总贷款中的比例（表 4-4），截至 2010 年年底，广东省金融机构贷款总量达到

32 766.41亿元，其中短期贷款 11 626.42 亿元，占总贷款的 25%；中长期贷款 33 716.75 亿元，占总贷款的 71%。相比 2004 年短期贷款占比 44%、中长期贷款占比 45%的期限结构有了较大的改变，对战略性新型产业企业而言，中长期贷款能够为企业提供较为稳定的现金支持，对企业现金流的稳定性大有益处，能够帮助企业稳定生产，以及应对一些企业自身的经营风险。

表 4-4　近年广东省金融机构贷款情况

年份	短期贷款/亿元	中长期贷款/亿元	短期贷款占比/%	中长期贷款占比/%
2004	9469.86	9636.85	0.44	0.45
2005	8553.44	11 084.54	0.38	0.49
2006	8622.71	13 586.3	0.35	0.54
2007	10 228.93	16 995.87	0.33	0.58
2008	10 020.06	19 352.34	0.31	0.60
2009	11 477.61	25 727.04	0.29	0.65
2010	11 626.42	33 716.75	0.25	0.71

资料来源：根据中国金融年鉴编辑部出版的《中国金融年鉴》（2004～2010 年）相关数据整理

二、样本企业银行信贷供给分析

取得银行贷款时存在的信息不对称和抵押物缺乏等问题，使以安全性原则经营的商业银行表现出“惜贷”，绝大多数企业因无法达到商业银行的贷款标准和评级要求，在种子期和初创期很难得到足够的贷款资金。在多数情况下，即便可以提供抵押品或者可以接受较高水平的利率，很多科技创新型企业仍然无法及时得到足够的银行贷款。而从信贷资金分配结构来看，金融机构信贷资金投放与战略性新兴产业企业多样化的贷款需求也很不相称。为了进一步分析银行贷款的支持力度，我们对种子期、初创期、初步发展期、高速发展期和成熟期的企业分别作了统计，其中，选择“以银行为主的金融机构的贷款”作为其外部融资的企业个数如表 4-5 所示。

表 4-5 不同发展阶段的战略性产业企业选择银行贷款的情况

项目	种子期	初创期	初步发展期	高速发展期	成熟期
企业总数/家	0	5	40	77	33
选择个数/个	0	1	9	21	13
占比/%	0.0	20.0	22.5	27.3	39.4

资料来源：同表 4-1

由表 4-5 可以看到，在企业的初创期，商业银行贷款资金的介入程度还是很小的。随着企业的发展，商业银行贷款资金介入的意愿越来越强烈，这与前面的分析是一致的。这种资金的供给与企业在不同成长阶段对资金的需求也是不匹配的。这很大程度上是因为银行基于安全考虑，对于发放信用贷款往往慎之又慎。发放贷款一般需要有可靠的担保或有价值的抵押。由于抵押和担保是金融机构解决信息不对称问题的一种常规保险机制，金融机构虽然难以从企业的信用审查和财务分析中直接获得贷款决策所需的信息，但可以从企业所提供的抵押品或第三方担保中获得关于企业未来偿还能力的信息和保证，从而作出贷款决策。国外的理论研究也表明，当借款人与贷款人之间存在信息不对称时，抵押有助于解决逆向选择问题并能够避免银行的信贷配给。在美国，中小企业从金融机构获得的债务融资有 90%以上属于有抵押或担保条件的债务。因此，以无形资产为主的科技创新企业，本身可提供抵押的资产有限，而且经营风险高于普通企业，其获得信贷资金的难度可见一斑。

影响银行向战略性新兴产业企业贷款的因素比较多，主要有企业的担保情况、盈利能力、财务制度、抵押品权证、企业规模、社会信誉、行业因素、管理层素质及信贷风险等。问卷调查结果显示，在应答的 9 家银行中，有 7 家银行把企业的担保情况和盈利能力作为重要的影响因素（表 4-6），这两个因素也是企业贷款能否成功的决定性因素，其他诸如企业社会信誉、企业的财务制度、管理层素质等因素，由于信息不对称，银行很难从真正意义上对企业的情况进行了解。

表 4-6 银行向企业第一次贷款时考虑的因素

考虑因素	个数/个	比重/%	个案比重/%
担保情况	7	21.9	70.0
盈利能力	7	21.9	70.0
企业财务制度	5	15.6	50.0
抵押品权证	5	15.6	50.0
规模	3	9.4	30.0
企业社会信誉	2	6.3	20.0
行业因素	2	6.3	20.0
管理层素质	1	3.0	10.0
总计	32	100.0	320.0

资料来源：同表 4-1

银企关系对信贷有着重要的影响，在对“多少企业能第一次顺利获得贷款”的问题调查中，3 家银行对申请贷款的企业放款的可能性低于 20%，3 家银行放款的可能性是 20%～40%，放款的可能性在 40%～60%、60%～80%、80%以上的银行各有 1 家。一般来讲，由于老客户与银行已经建立了一定的银企关系，银行对老客户的信息了解得较多，企业无论是在获得贷款的数额上，还是期限或是所需天数上都较新客户有一定的优势，在关于“贷款所需时间”的问题调查中，老客户贷款所需时间要远远短于企业第一次成功贷款所需时间。可见，银企关系对企业贷款具有很大的影响（表 4-7）。

表 4-7 企业向银行申请贷款难易程度和所需时间

样本银行代码	多少企业能第一次顺利获得贷款	第一次成功贷款所需时间/天	老客户贷款所需时间/天
1	80%以上	30	15
2	20%～40%	35	30
3	20%以下	120	30
4	40%～60%	30	10
5	60%～80%	10	5
6	20%～40%	20	10
7	20%～40%	20	10
8	20%以下	60	30
9	20%以下	30	15

资料来源：同表 4-1

银行为企业提供的贷款主要为抵押担保贷款，信用贷款种类较少，所占比例也较小，信用贷款的产品主要有企业联保贷款和企业小额信用贷款等。银行为战略性新兴产业企业提供贷款的差别主要取决于金融机构是否制定了专门的针对新兴企业的政策，以及新兴企业所处的区域。

问卷调查的统计结果显示，银行为战略性新兴产业企业提供贷款主要考虑将厂房、企业内部自然人的个人财产、土地、设备、存货等固定资产作为抵押物，尤其选择厂房、企业内部自然人的个人财产，分别有 7 家和 5 家银行选择了这两者（表 4-8）。此外，土地、设备和存货也为考虑对象。在收回的有效问卷里并没有银行选择诸如知识产权等企业的“软实力”作为抵押物。

表 4-8　银行对企业放贷时普遍的抵押物

普遍的抵押物	个数/个	比重/%	个案比重/%
厂房	7	33.3	70.0
企业内部自然人的个人财产	5	23.8	50.0
土地	4	19.0	40.0
设备	4	19.0	40.0
存货	1	4.8	10.0
总计	21	100.0	210.0

资料来源：同表 4-1

各个银行对抵押品所占贷款额的比例要求也各不相同（表4-9），这主要取决于各个银行的自身情况及信贷政策要求。

表 4-9　抵押品所占贷款额的比例

比例		频数	比重/%	有效比重/%	累计比重/%
有效样本	30%以下	2	18.2	18.2	27.3
	30%～50%	3	27.3	27.3	45.5
	50%～70%	3	27.3	27.3	72.7
	70%以上	3	27.3	27.3	100.0
总计		11	100.0	100.0	—

资料来源：同表 4-1

从贷款期限来看，银行对企业的贷款主要为 1 年期以上的贷款，1 年期以下贷款占比较少。针对“一年期以下贷款所占比例”的调查中，除去1家银行未作应答外，在其余10家银行中，有6家银行1年期以下贷款占比在20%以下，占比最高的一家银行也只有55%（表4-10）。

表4-10　1年期以下贷款比例

	比例	频数	比重/%	有效比重/%	累计比重/%
有效样本	0	1	9.1	9.1	9.1
	20%以下	6	54.5	54.5	63.6
	20%～50%	3	27.3	27.3	90.9
	50%以上	1	9.1	9.1	100.0
总计		11	100.0	100.0	—

资料来源：同表4-1。

银行对企业的贷款是有可能中断的，样本银行中断企业贷款最可能的原因调查中，有70%的银行选择了企业经营状况变动，20%的银行选择了企业管理层变动，10%的银行选择了突发性负面因素。另外，银行可承担违约贷款损失比例中，有4家银行选择了不超过10%，有4家选择了10%～20%，有2家选择了20%～30%，有1家选择了30%以上（表4-11）。

表4-11　银行可承担违约贷款损失比例

	比例	频数	比重/%	有效比重/%	累计比重/%
有效样本	10%以下	4	36.4	36.4	36.4
	10%～20%	4	36.4	36.4	72.8
	20%～30%	2	18.2	18.2	90.9
	30%以上	1	9.1	9.1	100.0
总计		11	100.0	100.0	—

资料来源：同表4-1

三、银行信贷融资影响因素分析

在问卷调查中，我们设计了一项评分，即对企业在向金融机构申请贷款时引起融资障碍的因素进行评分（从不重要到最重要划分为0～5分）。在设计的10个方面中，从应答的136家企业的填写结果可以看到（表 4-12）：认为影响属于较为重要的因素（即平均得分超过 2.5 分）的有 3 个，分别是“缺乏足够的抵押品、没有合格担保人（2.68 分）”、“审批程序复杂、手续烦琐、审批时间长（3.20 分）”和“贷款利率和其他成本过高（3.56 分）”；影响程度属于中等的因素（平均得分在 2.0～2.5 分）的有 1 个；影响程度属于较不重要的因素（平均得分低于 2 分）的有 6 个。从调查问卷回馈的信息来看，“缺乏足够的抵押品、没有合格担保人”、“审批程序复杂、手续烦琐、审批时间长”和“贷款利率和其他成本过高”成为造成企业向金融机构贷款困难的主要原因。

表 4-12　影响企业融资因素评分统计

项目	样本数/个	最小值	最大值	平均数	标准差
贷款利率和其他成本过高	136	0	5	3.56	1.429
审批程序复杂、手续烦琐、审批时间长	136	0	5	3.20	1.510
缺乏足够的抵押品，没有合格的担保人	136	0	5	2.68	2.040
贷款政策不透明	136	0	5	2.08	1.554
账务报表难以达到银行要求	136	0	5	1.93	1.760
所属行业为新兴产业，风险高	136	0	5	1.63	1.581
企业规模小、企业抗风险能力弱	136	0	5	1.62	1.481
企业资产负债率较高	136	0	5	1.60	1.522
企业信用度较低	136	0	5	1.29	1.596
企业自身产权、财务、管理等存在问题	136	0	5	1.03	1.355

注：0 分为最不重要，5 分为最重要，影响程度从低到高记为 1～5 分
资料来源：同表 4-1

为了更为细致、全面地探寻影响战略性新兴产业信贷融资的因素，除去上述调查问卷的十个方面外，还应该加入其他能够影响企业信贷融资的因素。这些因素主要包括：企业自身条件的影响（企业的规模、经营状况、盈利水平、信用等级、能提供的抵押担保等）；银行方面的影响（贷款综合成本、贷款审批程序等）；社会服务体系的影响（担保机构服务、相关政策支持服务等）；产业方面的影响（产业集群程度等）。本节试图通过计量分析方法来研究影响企业信贷融资的因素并得出一定的结论。

将信贷能力（银行贷款/负债总额）作为模型的因变量，根据

调研战略性新兴产业企业实际情况分析出的影响其信贷融资的各种因素，采用各项数据正常、完全的75个样本进行回归分析，旨在定量分析各种影响因素的显著程度和重要程度。具体过程如下。

在对变量的选取上，战略性新兴产业企业自身的条件（主要为企业自身的财务数据）、银行方面原因、产业集群因素和社会服务体系等方面的原因是企业作答后得到的数据（表4-13）。

表4-13 变量名称和代码

	变量名称	代码
企业自身条件	信贷能力（银行贷款/负债总额）	Y
	总资产/万元	X_1
	资产负债率（总负债/总资产）	X_2
	资产收益率（净利润/总资产）	X_3
	净利润增长率（年度净利润/上年净利润－1）	X_4
	信用评级（0～8的整数，0为未评级，1～8对应C级～AAA＋级）	X_5
	有无足够的抵押和担保（0＝无，1＝有）	X_6
银行方面原因	贷款审批复杂程度（0～5的整数，0为最简便，5为最复杂）	X_7
	贷款综合成本（0～5的整数，0为最高，5为最低）	X_8
产业集群因素	产业集群化程度（0～1取值，越靠近1，集群化程度越高）	X_9
社会服务体系	担保机构作用（0～5的整数，0为没作用，5为作用最大）	X_{10}
	政策扶持作用（0～5的整数，0为没作用，5为作用最大）	X_{11}

为了直观地观察变量间的相互作用机制，得到变量间的相关关系，并避免多元线性回归中多重共线性导致的模型估计失真或者难以估计，首先考察 X_1，X_2，…，X_{11} 等11个自变量之间的相关关系，各变量的相关系数矩阵见表4-14。

表4-14 变量之间的Pearson相关系数矩阵

	X_1	X_2	X_3	X_4	X_5	X_6	X_7	X_8	X_9	X_{10}	X_{11}
X_1	1	−0.126	−0.123	0.052	−0.100	0.102	−0.137	−0.043	−0.015	0.013	−0.103
X_2		1	0.123	−0.011	−0.006	0.233*	0.097	0.120	−0.090	0.170	0.249*
X_3			1	0.273*	0.151	−0.134	0.065	−0.014	−0.033	−0.029	−0.123
X_4				1	−0.101	−0.052	0.120	0.199	−0.089	−0.160	0.199
X_5					1	0.170	−0.175	−0.119	0.022	0.062	−0.100
X_6						1	−0.098	−0.110	0.050	−0.016	−0.006

续表

	X_1	X_2	X_3	X_4	X_5	X_6	X_7	X_8	X_9	X_{10}	X_{11}
X_7							1	−0.520**	0.119	0.012	0.446**
X_8								1	0.239*	−0.061	0.608**
X_9									1	0.080	0.054
X_{10}										1	−0.176
X_{11}											1

*、** 分别表示在 95%、99%的置信水平上显著

从表 4-14 可以看出，在 95%的置信水平上，资产负债率与有无足够抵押担保、政策扶持作用两个指标存在显著正相关。如果企业能够提供足够的抵押担保，能比较顺利地从银行得到信贷资金，相应的资产负债率就会提高；在政策支持力度较大时，银行的信贷政策会适当地向新兴企业倾斜，企业得到的贷款增多，资产负债率会相应提高。资产收益率和信用评级存在显著正相关。数据分析结果与现实经济中的现象是一致的，企业的资产收益率高，盈利能力强，体现了企业在研发、管理、营销等各方面的综合实力，偿债能力相应也强。企业在与银行发生信贷业务关系时能够及时还款，信用记录良好，信用评级水平显著较高。在 99%的置信水平上，企业的贷款审批复杂程度与贷款综合成本、政策扶持作用两个变量存在相关性。相关系数显示贷款审批复杂程度越高，贷款相应的综合成本越高；在政策支持力度加大时，银行的信贷适当向新兴企业倾斜，贷款手续相对简化。企业的贷款综合成本与产业集群化程度和政策扶持作用存在相关。当产业集群化程度提高时，可以在促进企业间的资金、人员的流动，减少银行与企业间的信息不对称，缩短银行信贷审批时间，减少对企业的抵质押要求，降低企业的贷款综合成本；在政策扶持力度增大时，银行对企业的贷款扶持力度加大，降低贷款门槛，减少贷款审批的时间，对企业信贷综合成本的降低有显著作用。

在分析公司信贷能力与各因素之间的关系时，采用多元回归分析法，回归方程如下：

$$Y=\alpha_0+\alpha_1 X_1+\alpha_2 X_2+\alpha_3 X_3+\alpha_4 X_4+\alpha_5 X_5+\alpha_6 X_6+\alpha_7 X_7+\alpha_8 X_8$$

$$+\alpha_9 X_9+\alpha_{10} X_{10}+\alpha_{11} X_{11}+\varepsilon$$

式中，Y 为因变量；α_0 为模型中的常数；α_i（$i=1$，2，…，11）为待估系数；X_i（$i=1$，2，…，11）为自变量；ε 为随机项。为了避免多元回归中多重共线性导致的模型估计失真或者难以估计，采用逐步回归法，经统计软件 SPSS17.0 输出结果，回归结果见表 4-15～表 4-17，其中表 4-15 为模型回归拟合优度结果，表 4-16 为模型方差分析结果，表 4-17 为模型的回归系数结果。

表 4-15 模型回归拟合优质

模型	R	R^2	调整的 R^2	标准差
1	0.422[a]	0.178	0.165	0.203 03
2	0.600[b]	0.360	0.340	0.180 54
3	0.651[c]	0.424	0.396	0.172 69
4	0.687[d]	0.472	0.437	0.166 74

a. 预测变量：常量，有无足够抵押和担保

b. 预测变量：常量，有无足够抵押和担保，净利润增长率

c. 预测变量：常量，有无足够抵押和担保，净利润增长率，贷款综合成本

d. 预测变量：常量，有无足够抵押和担保，净利润增长率，贷款综合成本，资产收益率

表 4-16 模型方差分析

模型		平方和	df	方差分析	F	显著性
1	回归	0.572	1	0.572	13.882	0.000[a]
	残差	2.638	64	0.041		
	总计	3.210	65			
2	回归	1.157	2	0.578	17.745	0.000[b]
	残差	2.054	63	0.033		
	总计	3.210	65			
3	回归	1.361	3	0.454	15.217	0.000[c]
	残差	1.849	62	0.030		
	总计	3.210	65			
4	回归	1.514	4	0.379	13.617	0.000[d]
	残差	1.696	61	0.028		
	总计	3.210	65			

a. 预测变量：(常量)，有无足够抵押和担保

b. 预测变量：(常量)，有无足够抵押和担保，净利润增长率

c. 预测变量：(常量)，有无足够抵押和担保，净利润增长率，贷款综合成本

d. 预测变量：(常量)，有无足够抵押和担保，净利润增长率，贷款综合成本，资产收益率

表 4-17 模型回归系数[a]

模型		非标准系数		标准系数	t	显著性
		B	标准差	Beta		
1	(Constant)	0.317	0.030		100.603	0.000
	有无足够抵押和担保	0.203	0.054	0.422	30.726	0.000
2	(Constant)	0.284	0.028		100.202	0.000
	有无足够抵押和担保	0.221	0.049	0.460	40.544	0.000
	净利润增长率	0.040	0.009	0.428	40.235	0.000
3	(Constant)	0.156	0.055		20.810	0.007
	有无足够抵押和担保	0.222	0.046	0.463	40.782	0.000
	净利润增长率	0.035	0.009	0.377	30.823	0.000
	贷款综合成本	0.041	0.016	0.258	20.619	0.011
4	(Constant)	0.122	0.055		20.203	0.031
	有无足够抵押和担保	0.219	0.045	0.457	40.891	0.000
	净利润增长率	0.037	0.009	0.396	40.137	0.000
	贷款综合成本	0.038	0.015	0.238	20.497	0.015
	资产收益率	0.151	0.064	0.220	20.345	0.022

a. 被解释变量：信贷能力

在逐步回归结果中，调整后的 R^2 为 0.437，为中度相关，有相当的解释能力，由于存在统计误差，而且可能有影响企业信贷能力的其他因素未考虑到模型中，拟合优度不是非常理想，这方面有待于进一步研究。模型方差分析在 99% 的置信水平通过了显著性检验，进入方程的有四个解释变量，分别为有无足够抵押和担保、净利润增长率、贷款综合成本、资产收益率，其中只有贷款综合成本是银行方面的因素，其余三项均为企业自身的影响因素，这表明影响企业信贷能力的主要因素还是企业自身条件。企业的总资产没进入回归方程。表明资产规模对信贷能力的影响不显著，仅仅靠资产规模难以提高信贷能力，要提高企业的盈利水平才可以提高信贷能力。企业的信用评级没有进入回归方程，但与其显著相关的资产收益率进入了方程，表明资产收益率可以影响企业的信用评级和信贷能力。政策扶持力度没有进入方程，但是其与信贷审批复杂程度相关，信贷复杂程度与信贷融资综合成本相关，表明政策扶持力度对企业的信贷能力有间接影响。产业集群化程度没有进入回归方程。从实地调研的情况来看，产业的集群化程度较低，大多是处于产业集聚的初级阶段，产业集群的优势效应还未发挥出来；但其与企业信贷综合成本显著相关，表明对企业的信贷融资有一定影响。

从回归系数来看，对新兴企业信贷能力影响最大的因素是有无足够抵押和担保，有足够抵押和担保的企业信贷能力比没有足够抵押担保的企业高 21.9%；其次为资产收益率，每提高 1 个点，信贷能力增强 15.1%；净利润增长率和贷款综合成本的影响最小。模型的定量分析结果客观可靠，为提出战略性新兴产业信贷融资策略打下了坚实的基础。

第四节　资本市场

一、利用资本市场融资供给分析

我国战略性新兴产业的上市地主要是创业板和中小板。截至 2010 年年底，1169 家深市上市公司中战略性新兴产业企业为 223 家，占比为 19.08%；主板企业 33 家，占比不到 7%；中小板最多，为 112 家，占比超过 20%；创业板虽略少于中小板，但其占比最高，超过 50%，并且这一比例还在继续提升。截至 2011 年 6 月 30 日，深市 1269 家上市公司中已有战略性新兴产业上市公司 280 家，占比 21.5%，其中主板 33 家，占比 6.8%；中小板 124 家，占比 20.9%；创业板战略性新兴产业企业数超过中小板，达 125 家，占比为 52.97%。[①] 由此可见，利用资本市场融资的上市公司数量有所增长。

深市上市的战略性新兴产业企业有一半以上是非国有企业，但 2010 年 59 家国企创造了 2210 亿元的营业总收入，占所有 223 家公司营业总

① 数据来源：深圳证券交易所综合研究所研究报告：余坚，2011，战略性新兴产业上市公司现状及特点分析（深证综研第 0182 号）。

收入的55.4%。在高端装备制造和新材料等具有一定传统特色的产业中，国有企业优势较明显。但在节能环保、新一代信息技术、生物等新兴行业，非国有企业更具有活力。尽管属于新兴产业，但中小板和创业板战略性新兴产业上市公司大部分已拥有10年以上的产业经历。中小板战略性新兴产业上市公司进入产业的平均年限约为14年，与中小板相比，创业板战略性新兴产业的平均年限较短，约为10年，体现了创业企业特色。

广东省高度重视资本市场在培育战略性新兴产业中的地位，在《广东省战略性新兴产业发展“十二五”规划》中，明确提出大力发展资本市场，支持符合条件的战略性新兴产业企业通过债券融资、私募股权融资、项目融资、上市融资等形式直接融资。鼓励战略性新兴产业中小企业利用证券公司代办股份转让试点和区域性中小企业产权交易市场进行融资。为了深入贯彻落实培育和发展战略性新兴产业，广东省在全省范围内培养和认定了两批骨干企业，以便发挥骨干企业在战略性新兴产业发展中的引领和示范作用。250家战略性新兴产业企业是各行业的骨干企业，在规模、盈利收益、发展前景方面都占有优势，但是仅有少数企业在资本市场上市融资。例如，在第一批认定的150家战略性新兴产业骨干企业中，仅有35家企业上市。

二、样本企业资本市场融资供给分析

对战略性新兴产业企业来说，资本市场融资仍然非常有限，尤其对种子期和初创期的企业而言，基本就是不可能的，只有那些处于成熟期的企业才有在资本市场融资的动力和能力。

根据问卷调查结果（表4-18），2010年，样本企业的融资来源比重中，内源融资是首要的融资方式，占比50.3%；而上市融资虽排在内源融资和银行贷款之后，但所占比例非常低，仅为7.16%，与美国直接融资占融资来源的一半以上这一比例相比，可谓相差甚远。由此可见，战略性新兴产业并未充分利用资本市场进行融资，也即上市融资和风险投资仍有很大的发展空间，特别是近几年发展起来的创业板市场和风险投资，这两者的上市要求和投资对象与战略性新兴产业的高风险、高回报的特性非常吻合，若能利用好这两者的关系，为广东省战略性新兴企业进行融资，必能促进其进一步发展壮大。

表 4-18　样本企业 2010 年融资来源

内源融资/%		外源融资/%						
自有资金	所有者再投入	银行贷款	其他金融机构贷款	风险投资	民间借贷	政策性扶持	上市融资	其他
45.0	5.3	38.7	1.50	0.61	0.04	1.41	7.16	0.10

资料来源：同表 4-1

样本企业的上市情况如下：有效的样本企业 159 家，已上市企业 29 家，占比 20%；正准备改制的企业 17 家，占比 12%；正在改制、尚未完成的企业 11 家，占比 8%；拟作国内上市准备的企业 60 家，占比 41%；拟作国外上市准备的企业 2 家；尚无上市打算的企业 24 家，占比 17%；其他情况的企业 2 家。由此可见，战略性新兴产业企业仅有少部分已利用股票市场进行融资，而大部分企业尚未能上市，有意向上市的占调研数据结果的 62%，这可能跟企业自身发展情况和宏观融资环境、政策有关（图 4-6）。

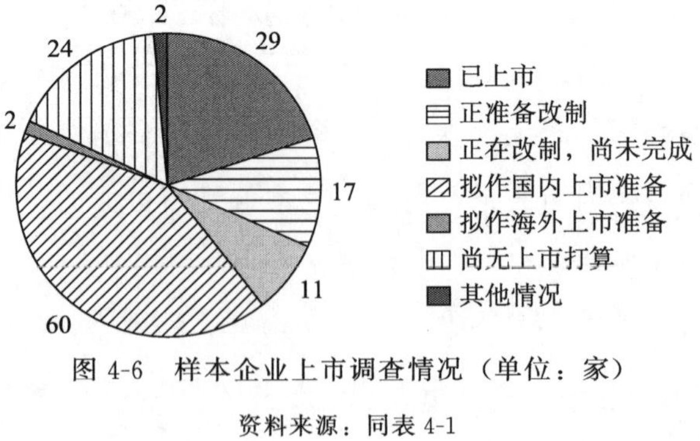

图 4-6　样本企业上市调查情况（单位：家）

资料来源：同表 4-1

第五节 风险投资

一、风险投资供给分析

根据美国全美风险投资协会的定义，风险投资（或创业投资）（venture capital investment）是由职业金融家投入新兴的、发展迅速的、有巨大竞争潜力的企业中的一种权益资本，是投资人将风险资本投资于新近成立或快速成长的新兴公司（主要是高科技公司），在承担风险的基础上，为融资人提供长期股权投资和增值服务，培育企业快速成长，数年后通过上市、兼并或其他股权转让方式撤出投资，并以此取得高额回报的投资方式。风险投资专为科技创新企业提供资金支持，主要在高科技产业发展的成长期和扩展期介入。

20 多年来，我国创业风险投资对培育新兴产业的发展发挥着重要作用，特别是 2006 年全国科技大会以来，由于法律环境日趋完善、财税政策出台及多层次资本市场逐步建立，创业风险投资的机构数、管理资本总量大幅增加，平均增速超过 16%。科技部、商务部、国家开发银行等部门联合开展的 2009 年全国创业风险投资调查数据显示，我国创业风险投资机构已达到 576 家，管理资本达到 1605.1 亿元，比 2008 年分别增加 21%和 10%以上。

具有技术领先、能耗低、投入少、产额高等特征的战略性新兴产业成为经济发展的重点，对活跃在产业前沿的创业风险投资机构来说，其投资触角早已延伸至这些战略性新兴产业。而且国家对战略性新兴产业战略定位的确立，创业风险投资在该领域的投入也逐渐加大。此外，随着创业板的推出，各创业风险投资机构关注重点也倾向于“两高六新”领域的企业。我国创业风险投资机构多隶属于政府机构，初始投资者多为政府资金。近年来，为了促进非上市公司等民间资本对创业风险投资的积极性，我国不断完善创业风险投资体制。2007年，《企业所得税法》及实施条例颁布，《科技型中小企业创业投资引导基金管理办法》正式颁布；2009年10月，创业板市场开放，为风险资本退出提供了新的渠道，也提高了企业参与创业风险投资的信心。但是有政府资金背景的创业风险投资来源依然占我国创业风险投资总量的三分之一左右，民间资本还有待进一步引导和启动。

创业投资引导基金作为引导各类创业风险投资和社会民间资本进入科技型中小企业和战略性新兴产业的重要渠道和载体，受到大力支持和鼓励。科技部、财政部引导基金出资3.09亿元参与设立14家重点投资科技型中小企业的创业投资公司，撬动社会资金20.43亿元。由于国家引导基金运作成效的逐步显现，全国各地也纷纷设立各具特色的创业投资引导基金。截止到2009年6月，北京、天津、上海、重庆、江苏、湖北、四川、福建等25个省市设立了50家地方引导基金，资金总规模超过245亿元。

二、样本企业风险投资供给分析

从调查结果来看，创业投资机构对战略性新兴企业的支持力度比较小。被调查企业中仅18%（图4-7）曾获得过专业创业投资机构的资金支持，其余的企业都无缘与创业投资机构合作。对于没有获得专业投资机构支持的原因（表4-19），有21.7%的企业称对创业投资缺乏了解，这说明科技企业与创业投资机构之间存在着信息不对称及沟通和缺乏交流的问题；有17.4%的企业认为引入成本过高，融资费用高；有15.5%的企业担心控制权分散。除此之外，防止技术外泄、技术本身问题、合作条件等原因也成为没有获得创业投资机构支持的原因。这说明，战略性新兴产业企业在经营管理理念上还是存在着一定问题的。

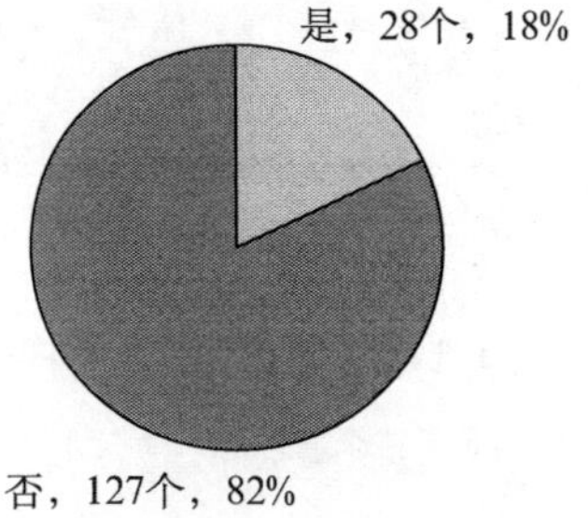

图 4-7　是否获得过专业创业投资机构的投资

资料来源：同表 4-1

表 4-19　没有获得专业投资机构支持的原因

未获得创投的原因	响应		个案比重/%
	N/个	比重/%	
避免控制权分散	25	15.5	26.6
引入成本过高	28	17.4	29.8
防止技术外泄	17	10.6	18.1
对创业投资缺乏了解	35	21.7	37.2
技术、市场前景等企业自身问题	23	14.3	24.5
创投机构选择时存在问题	11	6.8	11.7
创投机构和企业合作条件分歧	15	9.3	16.0
其他	7	4.3	7.4
总计	161	100.0	171.3

资料来源：同表 4-1

关于风险投资的加入是否会对企业产业产生作用的调查显示，超过 70％的企业认为创业投资机构的加入会对企业发展产生作用，25％左右的企业认为会有重要作用，将近 8％的企业认为风险投资加入对企业发展起着举足轻重的作用（图 4-8）。但是从对哪个阶段更愿意风险投资加入的调查来看，一半左右的企业认为在初步发展阶段和高速发展阶段更希望取得风险投资，以促进企业的进一步发展。成熟期的企业由于自身具备一定的积累，涉足更广阔的融资渠道，对风险投资的迫切性相对放缓（表 4-20）。

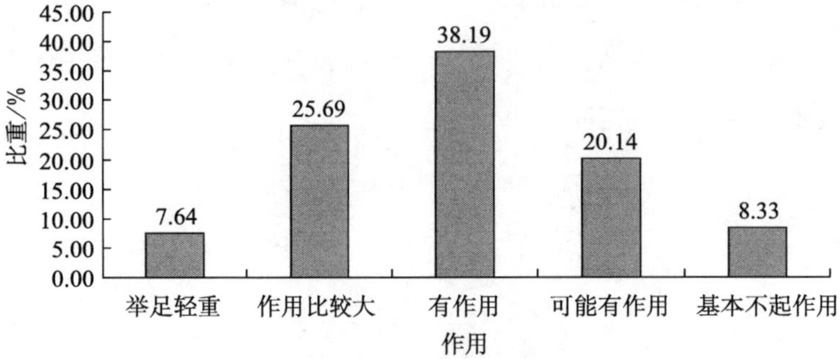

图 4-8 引进风险投资对企业发展的作用

资料来源：同表 4-1

表 4-20 最希望哪个阶段获得风险投资

阶段	频率	比重/%	有效比重/%	累计比重/%
	10	6.5	6.5	6.5
种子期	9	5.8	5.8	12.3
初创期	24	15.5	15.5	27.7
初步发展阶段	42	27.1	27.1	54.8
高速发展阶段	49	31.6	31.6	86.5
成熟阶段	21	13.5	13.5	100.0
总计	155	100.0	100.0	—

资料来源：同表 4-1

接下来对民间投资调查结果进行分析。作为经济大省，广东省有着充裕的民间资金，这些资金也试图寻找好的投资途径，形成了资金的供给方，科技型的中小企业作为资金的需求方对民间资金有着很强的偏好，因此，可加大力度引导民间资金投资于战略性新兴产业企业，作为风险投资的有效补充。从应答的问卷当中我们发现，对于“喜欢的民间融资方式”，33.3%的企业选择“企业或单位间拆借”；32.9%的企业选择“向股东、职工、社会（不定对象）集资”；16.4%的企业选择“商业票据转让或贴现”；14.2%的企业选择“向个人借入”。这些数据表明，“向企业或单位间拆借”和“向股东、职工、社会（不定对象）集资”是企业最偏好的民间融资方式，但由于我国产权交易市场不完善，融资渠道不畅通，在现实中，这方面的融资并不理想（表 4-21）。

表 4-21 民间融资开展的方式

民间融资开展的方式	响应		个案比重/%
	N/个	比重/%	
企业或单位间拆借	75	33.3	58.1
向个人借入	32	14.2	24.8
向股东、职工、社会（不定对象）集资	74	32.9	57.4
商业票据转让或贴现	37	16.4	28.7
向典当行等借入	3	1.3	2.3
其他	4	1.8	3.1
总计	225	100.0	174.4

资料来源：同表 4-1

本章附录一　科技银行的典范——美国硅谷银行[①]

1983 年，硅谷银行（Sili-con Valley Bank，SVB）在美国加利福尼亚州的硅谷成立。1993 年，其业务向硅谷之外延伸，目前已发展成为国际性的金融机构。硅谷银行在银行分类中属于风险银行，也称科技银行。所谓风险银行，指的是专为风险极高的创新型高科技产业提供金融服务的银行机构，风险银行与传统银行最大的区别在于，传统银行主要依据流动性、安全性和效益性“三性”原则向一些经济状况良好的企业发放贷款，而传统的“三性”原则并不适用于风险银行的投资对象——创新型高科技企业，所以风险银行需构建新的融资标准，即借助风险基金，建立新的风险管控机制。

一、硅谷银行的服务对象

硅谷银行主要为创新型高科技企业和风险投资提供服务，并重点关注高科技领域的初创型企业。目前，硅谷银行 90%的业务都是围绕着高科技初创型企业展开的，另外还有 10%的业务则是位于加利福尼亚州北部的酿酒产业。在高科技初创领域，硅谷银行同全球

① 参见：高杰．2010-6-17. 创新打造中国“硅谷银行”．国际金融报，第 5 版。

各地的企业都建立了合作关系。在选择合作对象时，往往会从其初创阶段就开始，直到它们发展成大型企业时，仍会保持合作关系。硅谷银行还与风险投资企业合作，风险投资企业往往把硅谷银行作为其基础银行，在美国境内，三分之二的风险投资企业是硅谷银行的客户，国外很多的风险投资企业也与硅谷银行建立了合作关系。硅谷银行为风险投资企业提供贷款或者直接投资于风险投资企业。

二、硅谷银行的运行模式

（1）与风险投资机构紧密合作。首先，硅谷银行主要的业务是为风险投资机构所投资的企业提供商业银行服务；其次，通常会将网点设在风险投资机构附近，为风险投资机构提供及时直接的银行服务；再次，在风险投资基金中直接投资，成为他们的股东或合伙人，在彼此之间建立更坚实的合作基础；最后，建立风险投资咨询顾问委员会，确保与风险投资的密切联系，与风险投资共同编织一个关系网络，在其中大家可以共享信息、开展更深层的合作，共同支持初创公司的发展。

（2）创新的获益方式。硅谷银行80％的收入来源于面向风险投资进入的创业公司存贷款业务，以及为那些精选的个人发放贷款。一方面，其贷款利率普遍高于其他商业银行；另一方面，硅谷银行的资金来源成本最低，资金主要来源于存款中30％左右不付息的活期存款账户，这样一个贷款利率高、存款利率低的利率差就为硅谷银行带来了丰厚的收益。

（3）灵活的担保方式。由于硅谷银行的客户群是创业初期的科技型企业，这类企业一般以智力资源为主，固定资产较少，因此在抵押、担保方面也较为灵活，允许以专利技术等知识产权作为抵押担保。一般如果企业处于研发阶段，则可以专利技术作为担保。而在产品进入市场后，公司就有了应收账款，应收账款这时可以替代知识产权作为抵押。

（4）科学的风险控制方式。除采取与风险机构合作，借助风险机构的专业眼光，规避一定风险之外，硅谷银行还采取了风险隔离、组合投资等多种控制风险的方式。其中，风险隔离是硅谷银行将银行的创业投资与一般业务分割开来，创业投资的资金并不从一般业务中提取，一般业务也不会从创业投资基金中挪用，以避免相互之间的风险影响。组合投资则是根据不同的行业、行业发展的不同阶段等进行风险控制组合；此外，还通过提供专业咨询、服务等业务来巩固客户群以确保既得利益。

（5）两种退出方式。硅谷银行主要采用公开上市的方法进行创业投资的退出。其获得股权后，在创业公司上市后将其抛售，获得利润，而后进行其他投资。对于没有上市的创业企业，硅谷银行还采用收购的方式进行退出。

本章附录二　A投资担保公司和包商银行①

一、A投资担保公司

1. 公司简介

A投资担保有限公司于1994年成立于广东省深圳市，是国内最早设立的为高新技术产业提供贷款担保、投资及咨询服务的专业性公司，公司注册资本为12亿元人民币。该公司始终坚持为高新技术企业提供融资服务的宗旨，通过管理文化创新、经营模式创新和业务手段创新，重点在于培育和扶持小型、微型科技企业成长，从而

① 参见：李镇西．2009．银行家，10：53～54；杨世杰．2010．包商银行发展战略研究．北京邮电大学硕士论文。

与服务企业共同发展。

2. 业务经营与创新

A 公司主要通过三种形式为企业融资提供帮助。一是政府专项资金免息借款；二是为需求企业提供担保；三是对符合要求的企业直接进行风险投资。在专项资金免息借款方面，市政府相关部门委托该公司进行三大专项资金发放和回收。三大专项资金为：科技研发专项资金、产业技术进步专项资金、文化产业发展专项资金，其最大额度分别为：500 万元、1000 万元和 200 万元，期限分别为 1 年、2 年和 2 年。在风险投资方面，公司主要向电子信息、生物工程、环保节能等高新技术产业领域进行投资。在投资规模上，投资企业种子期比例为 20%，成长期及成熟期投资资金不超过企业资本金的 25%，现已完成投资变现 4 个项目（包括部分退出），变现收入 4800 万元，实现投资收益 2420 万元，累计分红收益 400 万元，综合收益率达到 57%。在融资担保方面，截至 2010 年 6 月，A 公司共为 7300 多家企业累计提供 590 亿元的担保服务，公司支持的华为、比亚迪、大族激光等一批企业已经成为国内乃至国际知名企业，培育了 50 多家境内外上市企业，公司业务也从成立之初单一的融资贷款担保业务，逐渐增加了工程保函担保等非融资性担保业务，并与银行合作，开发出一系列新产品。此外，对投资参股及担保支持的企业，公司还积极提供管理顾问、战略咨询等服务。在新兴产业掀起的新一轮产业风暴中，A 公司将公司担保服务对象重点定位在深圳市重点扶持的生物、互联网、新能源、新材料、文化创意等五大战略性新兴产业；定位在早期、孵化期项目上；定位在不完全抵押的困难企业中。在融资担保业务方面，公司开发的主要品种有：流动资金贷款担保、固定资产贷款担保、综合授信额度担保、小企业集合信贷担保、债券担保、配套资金服务等。其中，对战略性新兴产业、高新技术产业、传统优势产业中有发展潜力的小企业，按行业或规模进行集合，提供免抵押流动资金担保，用以满足企业发展对资金的需求。

3. 评价

担保在缓解企业融资困难及分散银行信贷风险方面起着重要的作用。因此，担保公司应该在控制风险的前提下充分发挥资金的杠杆作用，为企业融资提供支持，帮助企业做大做强。在本案例中，有以下几点值得借鉴：一是政府专项资金的发放使用。市政府相关部门委托A公司进行专项资金发放和回收，A公司在选择企业时是完全的市场化选择，因此大大提高了资金的使用效率。二是业务的创新。A公司一直努力增强企业的金融中介服务功能，从担保、投资、衍生，到孵化器、股权交易、IPO，即从一个点的服务延伸到科技企业，由孵化一直到IPO上市的完整链条。其不断进行业务的创新和优化，在对战略性新兴产业、高新技术等产业的融资支持方面始终处于业内领先水平。三是A企业在对需求企业投资或担保后，始终与企业保持较为细致的信息沟通和交流，并进一步为企业提供管理顾问、战略咨询等服务，这样一方面有利于对企业的信息进行时刻监测，另一方面也有利于充分发挥A公司的专业技能，更好更全面地为其他企业提供服务。

二、包商银行

在包商银行的发展历程中，始终坚持以中小企业为核心客户的发展思路，把中小企业作为主要的营销重点和服务对象。在国内，包商银行无疑是全国小企业贷款业务的“样板银行”。2005年11月，包商银行与国家开发银行、德国IPC公司签订了小微贷款项目三方合作协议，引进国际先进小企业信贷技术，开展中小企业金融服务。截至2011年9月，包商银行累计发放小微企业贷款近1200亿元，服务对象近8万户，小企业贷款增速远高于全行贷款增速，但不良贷款率仅为0.46%，远低于我国银行业的不良贷款率2.4%。

包商银行的小企业贷款机制可谓是相当成功的，并赢得“银企双赢”的局面。其成功的法宝在于：①明确目标客户群体，能针对目标群体的特点和需求量身定制出各种产品。②引进了国外先进的小贷款技术并进行本土化改造：重分析、轻担保；市场定价；手续简便、审批高效，贷款流程快捷方便，随时管理防范贷款风险。③为其信贷员制定了有效的培训及绩效考核机制，提升信贷员的贷款素质，激励信贷员高效开展小贷款业务，在利益最大化的同时有效防范风险。④建立了银行所独有的信贷文化体系，从文化心理层面督促鞭策信贷员做好小贷款业务。包商银行为做好小企业贷款业务四管齐下（项目、技术、人才、文化）。

此外，包商银行在信贷风险防范方面进行了有效的探索和创新。一是区别企业类别，创新还款方式。为有效控制贷后可能发生的风险，小微企业贷款一直采用按月等额还款的方式。后来在调查中发现，一些客户在不同季节的现金回流量是不同的，所以决定突破按月等额还款方式，根据客户实际资金回收情况商定有多有少的按月还款方式。例如，在客户现金回流量较大的季度，银行经测算并与客户协商，在不影响客户正常经营和生活消费的情况下适当增加还款数额，而在销售淡季适当减少还款数额。二是创新风险抵押品种，扩大借款群体。在对抵押物的变现实践及市场调查中，包商银行小微企业贷款项目又新增了存货抵押、质押等抵押物品，同时根据抵押物品的变现能力，在利率上给予下降一个百分点的利率优惠，以减轻客户由于抵押费用而增加的融资成本，有效扩大了小微企业贷款客户群体。三是完善风险管理制度，避免风险发生。为控制小微企业贷款风险，包商银行建立了小微企业贷款业务审计制度和风险分析例会制度。专门成立的小微企业贷款审计小组，不定期对业务网点在小微企业贷款的档案管理、客户还款及回访记录等方面进行突击审计，督促网点信贷人员严格按照信贷流程规范操作，以避免风险的发生。贷款风险分析例会制度是每半个月由风险管理委员会对出现风险苗头的贷款进行逐笔分析，提出具体的解决方案，把风险降低到最低点。

较之中小企业贷款，科技型中小企业的贷款业务风险更大、管理成本更高。但从包商银行的成功经验来看，在我国目前的金融环境下要做好科技型中小企业的贷款业务也不是不可能。只要明确目标，从各方面下手，还是可以在控制好风险的同时获得可观的收益的。借鉴包商银行开展小企业贷款业务的精髓，开展科技型中小企业的贷款业务时也应从多个方面入手：明确目标，对症下“药”；使用先进贷款技术提高业务水平；建立培训激励机制，提升人才素质，激励业绩增长；形成自有文化，做到从文化层面感化人才，得到人才的认可；创新信贷产品及风险防范措施等。简言之，就是形成一个优秀的科技型中小企业贷款体系，而不只是在某一方面下工夫。

第五章

战略性新兴产业金融风险分析

我国已将培育和发展战略性新兴产业作为未来经济社会发展的重要战略目标，构建完善的金融体系支持战略性新兴产业的发展显然具有必要性。然而，金融支持战略性新兴产业发展的过程中也可能存在潜在的金融风险。对这些金融风险必须进行研究，并做好防范和管理。

第一节　金融风险表现、产生原因及后果分析

一、金融风险的内涵及其表现形式

（一）金融风险的内涵

金融风险是指在资金融通过程中，由于各种不确定因素的影响，资金经营者的实际收益与预期收益之间发生某些偏差，从而使金融活动参与者产生蒙受损失或获得收益的机会或可能（凌江怀，2010）。金融风险具有以下主要特征：①客观性。金融风险是客观存在的，只要有货币、信用、银行活动，金融风险就必然存在。②危害性。尽管风险与收益具有正向性，风险越高，获得收益的机会越大，但我们研究金融风险时，更关注的是金融风险对经济造成的危害。金融风险涉及面广，损失大。一旦发生风险，可能会形成连锁反应，对金融系统乃至整个国民经济体系造成巨大冲击。③传染性。金融活动与国民经济各部门有密切关系，所以它能通过利率、汇率、收益率等经济变量关系，在各领域之间形成多米诺骨牌效应。④可控性。风险的发生是多种不确定因素共同作用的结果，并且这些因素发生作用的程度和影响的大小通常也是不相同的。在经济运行过程中，人们可以通过对这些因素的控制和检测，通过对金融活动中的资产结构、盈利状况等真实资料进行检查和分析，对金融风险作出事前识别和预防、事中化解、事后补救，把金融风险限制在一定范围之内。

（二）金融风险的表现形式

按金融风险涉及范围的不同，可以将金融风险分为微观金融风险和宏观金融风险。微观金融风险是指微观金融活动主体在其金融活动和管理过程中发生的资产损失和收益的可能性。宏观金融风险是指在宏观经济运行中，一国金融体系和金融制度的缺陷、金融政策的失误、微观金融风险的累积及国际金融风险的传递等因素，导致一国经济波动的加剧和经济发展的停滞甚至倒退，从而给整个国民经济带来损失的可能性。总体来说，首先，宏观金融风险的存在会加大微观金融风险的发生，因为银行等金融机构的经营活动总是在一定的宏观金融环境下进行的。其次，微观金融风险的累积会导致宏观金融风险的产生或加大（凌江怀，2006）。

1．宏观金融风险的表现形式

（1）银行体系风险。银行体系风险是指银行作为一个行业性经济整体发生支付危机、破产倒闭的可能性。银行体系风险涉及面广，但并不是所有银行都要承担风险，与风险中心银行联系紧密的银行承担这种风险的可能性较大，联系不紧密的银行承担这种风险的可能性较小。

（2）资本市场风险。资本市场风险的产生主要有两方面的原因：一是资本市场本身不完善及监管不力造成的市场波动带来的风险；二是在资本市场开放的情况下，国际资金的频繁流动可能会加剧国内资本市场的波动，如果国内监管及防范风险能力较弱，严重的国际资金流动可能会引发宏观金融风险的发生。

（3）债务风险。债务风险又分为外债风险和内债风险。外债风险是向国外借债而可能产生的风险。自 20 世纪 50 年代以来，发展中国家在进行国内经济建设时往往吸收大量的国外资金，有的国家甚至对外债产生依赖。如果对国外的资金使用不合理，管理水平也较低，再加上本国国内储蓄能力没有相应提高等，当国际金融市场环境发生变化时，偿还债务可能就会出现困难，引发宏观金融风险。例如，20 世纪 80 年代拉美国家出现的债务危机。内债风险是在国内举债或借贷时可能产生的风险。例如，近几年，为拉动经济发展，我国各地方政府通过地方融资平台向银行借了大量的贷款。由于多数地方融资平台主要从事基础设施建设，盈利能力有限，这些地方政府债务可能存在较大的金融风险。

（4）国际收支风险。国际收支风险是指由于货币因素、经济增长及经济结构不同等因素造成的国际收支不平衡给本国经济发展、金融稳定带来的不利影响（李健，2004）。

（5）民间金融风险。民间金融是社会自发产生的金融活动或金融组织，是为解决一定区域内经济主体对生产和生活的资金需要而自发形成的一种“内生金融”，如私人之间拆借、企业之间不以商业票据为基础的拆借、互助基金组织、合会等。作为正规金融业的补充，我国民间金融发展迅速，缓解了中小企业融资难的局面，对经济发展有促进作用。但由于民间借贷不规范、高利贷盛行，民间标会倒会、崩盘事件时有发生，非法集资案件频发，民间金融积聚的风险可能会对社会经济发展造成巨大冲击。

2. 微观金融风险的表现形式

（1）金融机构风险。金融机构风险是指金融机构在经营金融业务过程中所面临的各种各样的风险。金融机构风险包括商业银行风险、证券公司风险、信托投资公司风险、保险公司风险等，具体表现形式有信用风险、利率风险、市场风险、汇率风险等多种形式。目前，在世界各国的金融体系中，商业银行是最主要的金融机构，面临着金融风险的严峻考验，商业银行既是金融风险的主要承受者，也是金融风险管理的主要倡导者和创造者。

（2）企业金融风险。企业金融风险是指一国企业在从事金融活动时所面临的各种各样的风险。企业筹资有风险，企业投资风险更大，企业参与任何一项金融活动或交易都是有风险的。企业所面临的金融风险同样包括信用风险、利率风险、市场风险、汇率风险等。

（3）居民金融风险。居民金融风险是指一国居民在从事金融活动时所面临的风险。随着经济的发展和金融化程度的提高，居民金融资产不仅迅速增加，而且呈现出多元化的特征。例如，在金融市场上存在存款、股票、基金、债券等多种可供居民选择的金融工具。居民不管选择哪一种或哪几种金融工具都面临着金融风险。当然，居民作为债务人也会面临风险。比如，居民作为借款人会面临利率风险、市场风险等。

二、金融风险产生的原因及后果

（一）金融风险产生的原因

金融风险产生的原因有很多，以下是产生金融风险的主要原因，但非全部原因。

1. 金融体系本身的内在脆弱性

金融脆弱性（financial fragility）是指一切融资领域的风险积聚。根据信息经济学，金融机构（如银行）的存在在一定程度上可以减少借贷双方信息不对称的矛盾，但其解决信息不对称的成效受到两个前提条件的制约：一是所有的存款人对金融机构保持信心并不同时取款；二是金融机构对借款人的筛选和监督是高效率、低成本并且是获利的。然而，由于信息不对称的存在，这两个条件都不能绝对成立。一方面，当某些意外事件发生时，存款人会对金融机构失去信心而对金融机构进行挤兑；另一方面，金融机构不可能比借款人更了解项目的收益和风险情况，因而，其对借款人的筛选和监督也不能保证高效率、低成本。当作为解决信息不对称而产生的金融机构由于信息不对称而难以解决储户信心和资产选择问题时，金融脆弱性就产生了。因此，金融体系本身具有内在的脆弱性。这种金融脆弱性在经济周期、外力（如国际投资资本）或内在偶然因素（如某一特大企业集团倒闭）的影响下极易激化成金融危机（凌江怀，2006）。

2. 负外部性效应

相对其他行业来说，金融行业的负外部性效应尤为严重。负外部性有两种形式。首先，由于金融机构之间的债权债务关系非常复杂，一家金融机构即使经营非常正常，也会因与之有较强债权债务关系的金融机构的倒闭而蒙受损失，损失严重时甚至可能步入倒闭之列，这是第一种形式的负外部性，它是由金融机构间的债权债务关系引起的。其次，金融业具有传染性，当某家金融机构（如银行）经营不善，导致公众失去信心而发生挤兑时，由于大部分公众对该家金融机构的了解不可能很充分，这种情形会波及其他金融机构，这是第二种形式的负外部性，它是由于行业同质性和信息不充分引起的。金融机构经营中的负外部性对经营机构的负面影响极大，有时可能是破坏性甚至毁灭性的，个别经营机构出现问题有可能波及整个金融业，酿成金融危机。

3. 高负债性

金融机构尤其是银行具有比工商企业更高的负债比率。而且，金融机构的资产和负债收益不对称，其负债成本是相对确定的，但其资产收益是相对不确定的。高负债和资产负债收益不对称使金融机构承担特别的风险，即资产运用成功，金融机构的获利只是资产孳生的利息，而一旦失败则会损及本金；不管资产运用成功与否，除非倒闭，其负债的本金和利息都不能豁免。因此，一旦遇到大笔资产运用不当而遭受巨大损失时，严重侵蚀比例极低的资本金并危及金融机构安全的情况就会发生。20 世纪 80 年代以来金融创新浪潮迭起，各种新的金融资产、负债及衍生工具被创造出来，更使金融机构面临的不确定性空前增大（凌江怀，2004）。

4. 主要金融机构不健康和内部约束机制不健全

与一般工商企业相比，金融企业由于经营业务的特殊性，经营的风险度更大，涉及面更广。如果内部约束机制不健全，将积聚巨大的金融风险。例如，我国 20 世纪 90 年代大型国有商业银行由于经济转轨过程中出现的深层问题未得到有效解决，缺乏有效的约束机制，经营效益低下，金融机构不良资产比重过高，抵御风险能力低下，导致金融风险居高不下。

5. 金融监管存在缺陷

金融业本身是高风险的行业，需要健全有效的监管。监管松弛、监管制度有重大缺陷或监管的被动跟进无法适应金融创新，将会产生金融风险，甚至引发金融危机。例如，2008 年美国次贷危机爆发前，现代金融创新层出不穷、金融工具日益精细复杂、信用链条不断延伸，而相应监管架构的调整无法及时到位，缺乏对相关主体的问责机制，导致金融活动中权责对应失衡、投机活跃。在持续数年信贷扩张、资产价格上涨、市场盲目乐观的背景下，个别交易风险逐渐累积成为整个金融市场的系统性风险，并进而演变成席卷全球的金融风暴。

6. 政府的不当干预

政府与金融活动的关系是，不能不干预，又不能干预过度，更不能不当干预。政府干预措施不当、介入面过广或有偏差、干预程度过深，都可能会助长不良信贷资产的增长，增加信贷系统受损的频率。例如，政府主导型经济体制下重点扶持国有企业发展，一方面会因为这种特殊政策造成资金非均衡配置，从而使得这种企业融资需求过度，反而产生对投入型经济增长方式的依赖；另一方面，又会降低银行信贷资金投放质量，造成资金使用效率低下、还款困难，最终迫使中央银行增加货币投放数量，造成通货膨胀隐患。

（二）金融风险的后果

世界经济发展现实充分表明，金融对经济的发展有着重要的影响力和推动力，金融业已成为现代经济体系的核心。然而，金融业是一个高风险行业，当金融风险积聚起来以后，一旦在某些因素触发下暴露出来，很容易酿成金融危机；而且一旦危机爆发，不仅会冲击金融体系，还将动摇整个经济体系，对宏观经济造成极大的负面影响，所带来的危害和影响极其深远。在金融全球化的背景下，一国金融危机还会波及其他国家，最终可能酿成世界性的金融危机。即使不发生金融危机，金融风险的积聚也会使金融机构的形象受损，使公众对金融体系的信心受到打击，不利于货币信用工作的正常开展，对宏观经济运行造成不利影响（凌江怀，2004）

第二节　战略性新兴产业金融风险产生的原因和特点

金融作为现代经济发展的核心，在战略性新兴产业的培育和发展过程中具有基础性的支持作用，构建完善的金融体系支持战略性新兴产业的发展显然具有必要性。然而，金融支持战略性新兴产业发展的过程中也存在潜在的金融风险。轻度的金融风险表现为一种不良资产的累积，盈利极低。但当金融风险积聚起来以后，一旦在某些因素的触发下暴露出来，有可能酿成金融危机，冲击金融体系，对宏观经济造成极大的负面影响。因此，对这些潜在的金融风险必须进行深入研究。本节将对我国战略性新兴产业金融风险产生的原因和特点进行分析（宋智文等，2012）。

一、战略性新兴产业存在潜在金融风险的原因分析

从总体上看，我国战略性新兴产业在短期内爆发系统性金融风险的可能性不大，但从长期来看，则正在滋生诱发金融风险的隐患，存在较高的潜在金融风险。

（一）高技术风险和高市场风险可能产生金融风险的隐患

我国已将高端新型电子信息、新能源汽车、生物、高端装备制造、节能环保、新能源、新材料等产业作为未来重点发展的战略性新兴产业。这些战略性新兴产业正处于规划或产业化初期阶段，存在很高的技术风险和市场风险，可能给作为市场参与主体的银行带来巨大的信贷风险。

首先，新兴产业的出现实际上是一种新技术范式的建立过程，需要大量的技术创新。在技术研发过程中，技术前景、稳定性、效果、寿命等方面存在很大的不确定性，导致战略性新兴产业的技术创新存在很高的失败风险。尤其是如果技术路线选择不当，则有可能导致投资项目整体失败。国务院总理温家宝在中国科学技术协会第八次全国代表大会上的报告指出，“新能源汽车，发展方向和最终目标是什么，现在重点发展的混合动力车和电动车是不是最终产品，并不十分明确”（杨海霞，2011）。可见当前新能源汽车在技术

路线上还存在纷争。除了新能源汽车产业，新一代信息技术、新能源、高端装备制造等产业都存在这样的风险。这种风险不仅存在于国际范围内的比较，也存在于产业内部；不仅存在于国家层面，也存在于各投资主体与单个项目中。例如，在太阳能光伏多晶硅制备技术中，目前就有改良西门子法、新型硅烷法等不同技术，不同的技术生产 1 千克多晶硅，耗电相差 100 多度。如果技术路线选择错误，一项投资数十亿元的项目可能很快过时，盲目投资蕴含着巨大的风险（杨海霞，2011）。

其次，战略性新兴产业市场需求尚待培育，存在很高的市场风险。这种市场风险主要表现为开发出来的新产品不为消费者所接受，或者由于价格高，其市场接受能力有限，从而导致新产品销售不出去而导致失败的可能性。新兴产品一般都面临市场接受过程和生产规模化的过程，以实现从产品到商品的“惊险一跃”，这一市场风险是战略性新兴产业所面临的共同问题。新能源产业的太阳能光伏发电、新能源汽车等在现阶段仍然主要依赖政府补贴，而这些政府的扶持能否帮助新产品最终为市场接受，还有待市场检验。在新一代信息技术产业的物联网和云计算领域，目前的表象是产业的商业模式还存在不确定性，实际上是市场需求存在很大的不确定性。因此，由于产业有其自身的发展规律，在政策选择之下依靠大量投入培育起来的战略性新兴产业市场，一旦技术路线选择错误或没有产生足够的有效市场需求，将会给各市场参与主体带来巨大的风险。而在战略性新兴产业的培育和发展过程中，银行必然也是主要的参与主体之一，战略性新兴产业高技术风险和高市场风险将给银行投放的信贷带来较高的潜在风险。

（二）产能过剩的可能性危及银行信贷资产安全

从产业发展前景看，战略性新兴产业具有资源消耗少、科技含量高的特征。积极培育和发展战略性新兴产业，对促进节能减排、推动产业结构升级具有重要战略意义。然而，由于政府主导的速度增长型经济导致各省市对战略性新兴产业的投资冲动，未来部分战略性新兴产业存在产能过剩的可能性，从而危及银行信贷资产安全。我国的经济属于政府主导的速度增长型经济，在经济的快速增长中，政府主导的投资行为起到了非常重要的作用。在目前的政绩考核体系之下，各地方政府都有加快经济发展的冲动，以积极谋求本地区经济的快速增长、财政收入最大化（冯涛和崔光庆，2007）。自 2010 年我国提出将培育和发展战略性新兴产业作为未来经济社会发展的重要战略目标以来，各省市都出台了庞大的战略性新兴产业发展计划（表 5-1），并动用财政资源及各种优惠政策，引导信贷资源大量投向战略性新兴产业。但如果全国缺乏整体规划，各省市都大量上马战略性新兴产业项目，经过连续多年的大规模投资，生产能力显著扩张，由于消费增长落后于投资，部分战略性新兴产业可能出现严重的产能过剩。从各省市发展战略性新兴产业的规划及前些年各地重复建设导致的产能过剩的经验教训看，这种结果并非不可能，像多晶硅太阳能行业目前就存在产能过剩的现象，甚至面临大规模停产的严峻市场考验（李秀中，2012）。如果战略性新兴产业因为大量投资和重复建设而出现严重的产能过剩，行业未来将无法产生正回报，从而使银行信贷潜藏风险。对产能过剩的产业提供信贷，对银行来说实质上存在系统性的金融风险。而当对过剩的产能进行调整时，部分已上马的产能和项目有可能面临“关、停、并、转”的命运，银行信贷的风险将可能提前暴露。

表 5-1　部分省市战略性新兴产业规划

地区	发展目标	重点发展产业
北京市	到 2015 年，战略性新兴产业增加值占 GDP 的比重达到 25%左右，到 2020 年，增加值占全市 GDP 的比重达到 30%左右	新一代信息技术、生物、节能环保、新材料、新能源汽车、新能源、航空航天、高端装备制造

续表

地区	发展目标	重点发展产业
山东省	到2015年，全省战略性新兴产业增加值占GDP的比重达到10%，到2020年，占GDP的比重力争达到20%	新材料、新一代信息技术、新能源和节能环保、新医药和生物、海洋开发、高端装备制造
湖南省	到2015年，战略性新兴产业增加值年均增长20%以上，总量达到5 000亿元，占GDP的比重超过20%。到2020年，增加值年均增长15%以上，总量达到10 000亿元，占GDP比重达到25%左右	先进装备制造、新材料、文化创意、生物、新能源、信息、节能环保
湖北省	力争到2015年，新兴产业产值突破1万亿元，到2020年，新兴产业成为经济社会发展的主要推动力量	新一代信息技术、高端装备制造、新材料、生物、节能环保、新能源、新能源汽车
吉林省	到2015年，全省战略性新兴产业总产值达到10 000亿元以上，增加值达到3000亿元，占GDP的比重为20%左右	生物医药、生物化工、电子信息、新材料、新能源、先进装备制造、节能环保、文化、旅游
陕西省	到2015年，战略性新兴产业增加值占GDP的比重达到15%以上	高端装备制造、新一代信息技术、新能源、新材料、生物、节能环保、新能源汽车
甘肃省	到2015年，战略性新兴产业增加值达到800亿元，占GDP的比重达到12%。到2020年战略性新兴产业增加值占GDP的比重达到16%	新材料、新能源、生物产业、信息技术、先进装备制造

（三）财政干预提供的隐性政府信用可能引起金融风险

经过多年的市场化改革，政府已不能直接运用行政命令干预金融机构运作，命令金融机构必须对哪些行业或企业多授信。地方政府可以直接干预经济的手段主要是财政政策，财政是地方政府推动当地经济发展的最重要的资源（林江和张佐敏，2010）。财政支持对有效促进战略性新兴产业的发展显然是必要的，但与此同时，财政干预也可能引起潜在的金融风险。这种金融风险主要表现为政府财政支持对战略性新兴产业企业来说，相当于提供了一种隐性或显性的政府信用，使银行愿意为战略性新兴产业企业的高风险投资项目提供贷款并放松风险审查和监督的标准。当银行向受到政府担保的企业贷款时，银行往往会放松对企业投资项目收益风险的审查和监督，造成大量无效率的投资产生，当企业无力偿还贷款时银行风险将增加，这种现象被称为“裙带资本主义”道德风险。为了促进战略性新兴产业的发展，政府将支持的重点放在重点和骨干战略性新兴企业的大投资项目上，而这些投资项目由于技术和市场方面的原因可能存在较高的风险，同时由于投资额巨大，需要银行的大量贷款。政府为这些企业的投资项目提供各种财政支持相当于提供了一种隐性或显性的政府信用，银行则由于政府的支持隐含政府信用放松贷款的审查，甚至认为即使投资项目将来出了问题也会有政府最后埋单，从而向这些高风险项目发放贷款，由此可能出现潜在的银行信贷高风险。

（四）部分地方政府债务风险可能引起潜在的金融风险

促进战略性新兴产业发展的一个有效措施是大力建设高新科技园区，促使新兴企业集中、集聚并发展产业集群。高新科技园区建设需要大量的基础设施投资，当财政不充裕而以借贷融资进行投资时，则将形成地方政府债务。由于国家禁止地方政府直接举债，地方政府一般通过成立各种名目的公司作为地方融资平台向银行贷款。这些地方融资平台公司隐含政府信誉，比较容易得到金融机构的贷款。地方融资平台公司普遍依靠土地折价注资，或以土地抵质押举债融资，且主要从事基础设施建设，本息回收期较长，其盈利能力取决于能否吸引符合政策支持导向的企业进驻高新科技园区内，以及企业进驻后是否能顺利成长。地方融资平台公司如果通过大量向银行贷款进行园区基础设施建设，而不能吸引企业进驻高新科技园区内，大量基础设施建设就会成为沉没成本，使得科技园区发展不理想，自身经营状况不佳，则银行信贷存在较高风险。因此，高新科技园区的基础设施投资如果是通过银行信贷融资，则存在一定的金融风险。

（五）外源融资渠道过于集中于银行信贷导致银行风险的集聚

我国金融体系属于典型的银行导向型，风险投资市场尚不发达，直接金融发展滞后，低层资本市场缺位，民间金融则因政策管制未放开，上市融资仅仅对少数战略性新兴产业企业才有可能性，所以战略性新兴产业企业外源融资最主要的来源还是银行信贷。根据高风险高收益相关的原则，战略性新兴产业最适合的外源融资是追求高收益的风险投资及能分散风险的证券市场融资。由于战略性新兴产业需要大量的投资，同时又具有高技术风险和高市场风险的内在特征，战略性新兴产业外源融资渠道过于集中于银行信贷必然导致金融风险在银行体系的集聚。

（六）银行自身因素也是形成金融风险的重要原因

除了金融体系本身的内在脆弱性、负外部性效应、高负债性等特征导致银行体系存在较高的金融风险外，银行自身存在的诸多的因素也会带来信贷风险。首先，银行的授信行为受政府信用和政府行为的影响较大。经过国有企业和银行股份制改革以后，地方政府直接干预银行的经营行为已基本上不存在了。但目前银行仍为国有控股的整体格局仍未改变，银行的授信行为仍在很大程度上受到政府信用和政府行为的影响，且倾向于为地方政府所鼓励或引导的行业或项目提供授信。在这种情况下，传统的银行内部约束机制和风险管理机制将在一定程度上失效，行业或项目本身的风险将潜藏信贷风险。其次，银行内部管理约束机制不健全，如银行信贷审批制度不合理、信贷风险量化工具不完善、信贷经办人员存在权力寻租的操作风险等也是影响信贷风险的重要因素。

二、战略性新兴产业金融风险的特点

从上述对战略性新兴产业金融风险产生原因的分析可以看出，战略性新兴产业金融风险具有以下特点。

（一）长期存在较高的潜在金融风险

我国提出将培育和发展战略性新兴产业作为经济发展的重要战略目标的时间并不长，各种支持性的政策措施正在实施中，战略性新兴产业还处于初步发展阶段并有良好的发展势头。因此，从总体上看，短期内爆发与战略性新兴产业相关的系统性金融风险的可能性不大，但从长期来看，由于战略性新兴产业具有内在的高风险性，同时受到政府行为和政府干预的影响，战略性新兴产业具有较高的潜在金融风险。

（二）内在的高风险性导致其金融风险的产生有客观必然性

战略性新兴产业具有很高的技术风险和市场风险，这些高风险必然最终由战略性新兴产业的参与主体承担。除了主要由社会资金投资外，金融体系必然参与战略性新兴产业的投融资，从而将承担由此产生的部分风险。因此，战略性新兴产业内在的高风险性导致其金融风险的产生有客观必然性，问题的关键在于，怎么分散、防范、管理战略性新兴产业存在的潜在金融风险。

（三）金融风险主要表现为银行信贷风险

战略性新兴产业金融风险主要表现为银行信贷风险。首先，银行是金融体系中参与到战略性新兴产业中最深的市场主体，提供了战略性新兴产业企业绝大部分的外源融资，同时银行转移、分散风险的能力较弱，如企业经营失败将直接导致银行信贷风险的产生。其次，证券市场虽然也存在一定的金融风险，如战略性新兴产业企业“三高”发行上市、投资项目的高风险导致的亏损等都会将风险传递给市场参与者，但由于证券市场本身具有分散风险的功能，风险由数量众多的投资者分散承担，因此，战略性新兴产业金融风险与证券市场存在一定关系，但不会产生严重问题，当然证券市场存在的普遍性的制度问题还是需要解决完善的。再次，民间金融存在较大的金融风险，但并非由战略性新兴产业的高风险引起。最近几年民间非法集资案件频发，民间金融积聚的风险对社会经济发展造成了较大的冲击，究其原因，主要是民间借贷不规范、高利贷盛行等。战略性新兴产业的载体企业大都为中小科技型企业，其外源融资有相当部分需要从民间借贷解决，民间借贷的高利率及高风险对这些企业的经营可能带来不利影响。因此，民间金融风险与战略性新兴产业存在一定关联，但其产生的根本原因是我国金融制度及监管方面存在缺陷，并非是由战略性新兴产业的发展所引起的。

（四）政府干预是产生潜在金融风险的重要原因

政府制定并实施各种支持性政策措施，是有效促进战略性新兴产业健康发展的重要条件。但与此同时，政府行为和政府干预也是战略性新兴产业存在潜在金融风险的重要原因。不管是政府主导型经济可能导致战略性新兴产业产能过剩，还是财政干预提供的隐性政府信用，抑或是高新科技园区基础设施投资而产生的地方政府债务，都有可能导致战略性新兴产业产生潜在的金融风险。因此，对政府行为和政府干预既应看到其积极的一面，也不能忽视其存在的问题。

第三节 战略性新兴产业金融风险防范及管理

由上述分析可知，金融支持战略性新兴产业发展的过程中可能存在较高的潜在金融风险，并由此可能造成严重的后果。因此，对这些潜在的金融风险必须做好防范和管理，以降低出现金融风险的可能性，减轻由此导致的负面影响。

一、战略性新兴产业金融风险的防范

针对战略性新兴产业金融风险产生的原因，可从以下几个方面对潜在的金融风险进行防范。

（一）通过政策支持分散、降低战略性新兴产业的高风险

战略性新兴产业具有很高的技术风险和市场风险，从而导致作为市场参与主体之一的银行存在金融风险有其客观必然性。因此，可以通过政策支持分散和降低战略性新兴产业的技术风险和市场风险，从而间接降低和防范银行体系发生金融风险的可能性。

首先，就战略性新兴产业技术创新的政策支持而言，政策支持不但能分散战略性新兴产业的技术风险，而且也由于技术创新具有社会正外部性特征，需要有充分的政策支持。政策支持分散和降低战略性新兴产业的技术风险的具体思路为，由政府通过无偿补助、税收优惠等政策承担部分技术创新的成本和风险，激励战略性新兴产业企业增加对技术开发的投入。政策支持可从三个方面着手：第一，政府应支持技术开发和早期产业化，重点支持处于早期阶段的

战略性新兴产业企业的技术创新和发展。第二，应重点支持战略性新兴产业关键技术和核心技术的突破。第三，政府支持但由市场机制决定战略性新兴产业的技术路线。政府要公平支持各种不同的技术路线，通过制定能耗、安全、环保等标准，建立市场准入门槛，由市场选择战略性新兴产业的技术方向和技术路线。

其次，针对战略性新兴产业普遍存在的高市场风险，应加强鼓励需求的政策，为战略性新兴产业培育、开拓市场，降低战略性新兴产业的市场风险。鼓励需求的政策应重点抓好三个方面的工作：第一，实施重大应用示范工程。以公交、公务、市政行业应用为重点，实施新能源汽车推广应用示范工程；实施LED照明产品应用试点示范工程；建设太阳能光伏并网发电系统工程和光伏发电城市应用工程，积极开展"三网融合"试点。第二，完善新产品应用环境。建立健全有利于推广应用创新药物、新能源、资源性产品、节能环保产品的价格形成和收费调节机制，加快推进自主创新产品政府采购和工程首购制度，探索有利于产业发展、灵活有效的市场准入管理制度，推进新能源汽车充电充气设施、新能源并网及储能等基础设施建设，完善市场配套服务体系。第三，支持商业模式和业态创新。推广太阳能光伏一体化建筑设计，鼓励在节能环保服务、新能源应用、新能源汽车推广、信息服务等领域，借鉴国内外先进经验，大胆探索，发展与新技术研发和新产品应用相适应的新型商业模式和新业态。

（二）统筹规划区域空间布局，避免产能过剩

战略性新兴产业未来出现产能过剩的可能性并危及银行信贷资产安全的内在原因，是政绩考核等制度因素导致地方政府对速度增长型经济的追求。由于中央鼓励各地方政府发展战略性新兴产业，各地方政府也有通过培育和发展战略性新兴产业来促进本地经济发

展的内在需求，所以出现各省市大干快上战略性新兴产业项目，并导致未来产能过剩的可能性很难完全避免。通过统筹规划战略性新兴产业的区域布局，可在一定程度上避免重复建设导致的产能过剩。应由中央根据各省市的技术基础和技术储备、产业发展基础、资源禀赋条件等因素统筹规划战略性新兴产业的全国空间区域布局，编制战略性新兴产业相关专项规划和产业布局指导目录，引导各省市发挥比较优势，建立项目准入退出机制和战略性新产业统计监测制度，避免盲目布局、低水平重复建设。

（三）完善财政支持政策，避免提供隐性政府信用担保

财政支持对有效促进战略性新兴产业的发展非常必要，但必须坚持市场主导、把发挥市场作用与政府引导有机结合起来的原则，完善财政支持政策，并避免提供隐性政府信用担保。应根据市场主导与政府引导相结合的原则，通过贷款贴息、担保贴息、贷款风险补偿、再担保风险补偿、设立政策性担保公司等方式完善财政支持措施，以间接的方式引导银行加大对战略性新兴产业项目的信贷投入，并避免直接影响银行对信贷投放及其风险管理的决策。

（四）加大高新科技园区的财政投入，防范地方债务引起的金融风险

高新科技园区对战略性新兴产业的发展具有有效的促进作用，同时又具有准公共产品的特征，因此，应加大高新科技园区的财政投入，通过财政投入为主、信贷融资为辅的方式建设高新科技园区，以防范地方债务引起的金融风险。

（五）构建战略性新兴产业多元融资体系，分散银行体系风险

针对战略性新兴企业外源融资渠道过于集中于银行信贷，从而

导致金融风险在银行体系集聚的可能性，可通过构建战略性新兴产业多元融资体系，分散银行体系风险。一是大力发展创业投资和股权投资。充分发挥政府设立的创业投资引导基金和创业风险投资资金的放大作用，扩大创业投资基金规模，吸引央企、民企、外资等各类社会资本设立创投基金，鼓励天使投资的发展，助推战略性新兴产业加快发展。二是扩大直接融资规模。加快战略性新兴产业企业境内外上市步伐，支持自主创新能力强、成长性好的战略性新兴产业企业到主板、中小企业板或创业板上市，鼓励符合条件的企业到境外上市。选择一批信用等级高、还本付息能力强的企业发行企业债券、公司债券、短期融资券和中期票据等；推动产业链上下游企业或区域聚集企业发行企业集合债和集合票据。加强产权交易市场建设，鼓励非上市企业充分利用场外交易市场进行股权交易，稳步推进区域性中小企业产权交易市场试点，完善发展统一的股权场外交易市场，推动一批高风险、高收益、尚不具备上市条件的战略性新兴企业在场外交易市场挂牌融资。三是充分发挥政策性金融的作用。可考虑组建政策性科技银行，重点支持战略性新兴产业的发展。

二、战略性新兴产业金融风险的管理

（一）金融风险管理的含义

金融风险管理是通过风险识别、风险估计和风险处理等方法，预防、规避、分散或转移经营中的风险，从而减少或避免经济损失，保障经营安全的一系列管理活动。风险识别就是指出分析对象所面临的重要金融风险是什么。风险估计是在风险识别的基础上，通过对损失频率、损失程度和其他因素进行全面考虑，估计发生风险的可能性及其危害程度，并与公认的安全指标相比较，以衡量风险的程度。风险处理是指根据风险识别和风险估计的结果，针对不同种类、不同概率和规模的风险，采取相应的措施或办法，使风险损失对经营的影响减少到最低程度。风险处理主要有风险规避、风险预防、风险转移、风险分散和风险补偿等五种方法（凌江怀，2006）。

（二）加强战略性新兴产业金融风险管理的对策

作为金融业的主要参与者，银行与金融风险的关系最为直接，也是战略性新兴产业潜在金融风险的主要承担者。因此，以下从银行的角度分析如何加强信贷风险管理（刘治凯，2012）。

1. 严格信贷准入，筛选优质客户

银行在放贷过程中需要了解战略性新兴产业企业的真实信息，筛选出优质客户，这样才能有效管理信贷风险。同时，在信贷准入条件上要严格把关，不能因为是战略性新兴产业企业而放宽部分标准，避免授信行为受政府信用和政府行为的影响而放松标准。从实际调研情况看，战略性新兴产业企业贷款准入风险边界标准达到以下几项的信贷风险较低：信用等级不低于a＋级，资产负债率不高于70％，主营业务利润率高于10％，贷款的相关自筹资金不低于20％，总资产和营业收入逐年增加。为管理信贷风险，银行放贷应该选择以上几个标准达标的战略性新兴产业企业，重点支持诚信程度高、经济效益好、抗风险能力强的战略性新兴产业企业。

2. 加强对企业贷前的调查

银行信贷存在着信息不对称风险。企业在申请贷款时往往会隐瞒企业不利于贷款发生的相关信息，而企业隐瞒的这些信息又往往是银行贷款风险的主要来源，所以加强对战略性新兴产业企业贷前

的调查显得尤为重要。对战略性新兴产业企业信息的调查应主要包括以下几个方面：一是要对企业主要股东、高层管理人员和高级技术人员的个人信息进行调查，调查他们的品行、教育程度、职业经历、信用记录、管理能力、道德操守等；二是要到企业的生产车间、经营场所和销售现场进行实际调查，调查企业生产经营状况是否良好；三是要加强与当地政府部门，如工商、税务、其他银行等的信息交流和沟通，了解企业的财务信息、经营信息及企业以往行为等。

3. 建立完善的风险定价和补偿机制

银行应该积极探索战略性新兴产业企业贷款风险的评估手段和定价手段，对贷款风险进行定量分析，遵循“高风险、高定价，低风险、低定价”的原则，并通过一些参考指标，如同业利率、民间借贷利率、资金成本率、风险补偿率等研究制定贷款利率水平。同时要全面分析企业的信用水平、发展前景、可承受能力，按照企业信用等级、贷款期限和方式等指标综合评估信贷融资的风险。通过以上途径建立一套较为系统、完善的风险定价机制。此外，也应建立健全贷款的风险补偿机制。除了由政府相关部门成立相应的风险补偿基金外，银行也应该计提专门的风险准备金来应对战略性新兴产业企业风险较高的特点，避免由于企业的破产而产生的连锁反应。

4. 加强贷后风险管理

银行对战略性新兴产业企业的贷款要加强贷后风险管理。贷款事项发生后，银行要实时对战略性新兴产业企业贷款进行跟踪、调查和管理。一是要对企业贷款的支出用途进行跟踪，约束企业严格按照贷款用途使用款项，避免企业控制人把贷款用于其他用途。二是要关注贷款企业行为。要关注企业与其供应商之间是否存在资金拖欠，与竞争企业之间是否存在不当竞争行为，是否涉及重大经济纠纷，企业是否存在商业欺诈行为，企业与以往贷款银行的关系是否良好等，企业的这些行为能够表现出企业信用的优劣。三是要定期对客户进行评价。企业的还款能力会随着企业的经营而变化，高评级的企业可能由于种种原因造成企业还款能力下降，低评级的企业可能会随着经营状况的良好发展而提升企业的还款能力。因此，银行应该定期进行客户评价和信用评级，并根据新近的信用评级确定授信额度。四是要推行“五要素”管理。银行应该根据战略性新兴产业企业的特点，重点调查跟踪企业货款归还率、企业日均存款余额、贷款与企业自有资金比例、销售与纳税额及企业股东品行五个要素，以此来加强风险的预警和控制能力。五是要及时管理处置风险。对于出现风险预警信号的贷款，要及时采取相应的措施，如采取调整贷款方案、贷款条件、还款方案及重新担保等措施来降低风险。对于不可避免的贷款损失，银行应该尽快采取资产保全措施，力求将损失降到最小。六是要维护良好的银企关系，防范贷后信息不对称风险。贷款事项发生后，银行应该本着为企业服务的宗旨为企业提供资金支持，企业也应该负起按时按要求还款的责任，银行和企业应该建立起良好的关系，并形成良性循环。

第六章

战略性新兴产业金融支持国际比较及借鉴

自2008年全球金融危机爆发以来，各个国家纷纷着手规划产业布局，寄希望于新兴产业，将其作为新的经济增长点，希望能带动整个国民经济的增长，并促进经济的可持续发展；制定相应的支持和引导政策，为产业提供更大的发展空间。世界上大部分国家都将新兴产业的发展提高到战略性的高度，全球也由此进行着新一轮的产业结构调整、促进经济增长的竞争。本章主要介绍世界上有代表性的几个国家和地区新的经济增长点的选择、侧重发展的产业，以及对这些产业在金融上所提供的支持，并在此基础上提出可供借鉴的经验及启示。

第一节　国际上主要发达国家和地区金融支持

一、后危机时代美国的产业选择和金融支持

金融危机的爆发，使美国更深刻地意识到不能过度依赖金融创新和信贷消费拉动经济的增长，制造业，尤其是先进制造业应该得到应有的重视，于是提出了“再工业化”。尽管美国曾一度忽视其制造业的发展，但不可否认的是，美国的工业化已经发展到了比较成熟的后期阶段，工业化水平处于国际前列，科技化水平高、知识密集型产业发展成熟。危机后，美国提出了一系列支持战略性新兴产业的措施。

（一）重点支持发展以新能源为主导的新兴产业

2008年经济危机后，美国发起了以新能源为主导的产业革命，要以新能源产业为核心强化实体经济。除了新能源外，美国对目前竞争激烈的信息、生物医药、新材料、新能源汽车等产业也给予了高度的重视，掀起了一场轰轰烈烈的以新能源为主导的新兴产业革命。

（1）奥巴马的“能源新政”。奥巴马在其竞选和就职演说中，一再强调以发展新能源为核心的经济复兴计划，强调新能源产业的战略地位和在经济中的引领作用。2009年6月，美国国会通过《美国清洁能源和安全法案》，提出了一系列的能源目标，该法案被认为是继20世纪30年代“罗斯福新政”以来最能促进经济振兴的措

施，被称为“能源新政”。概括起来，《美国清洁能源和安全法案》主要包括四个方面的内容：节能增效、新能源开发、智能电网研发、低碳经济（图 6-1）。

图 6-1　美国能源新政框架图

（2）重视信息产业的发展。“三网融合”是美国未来信息产业发展的方向，广播电视网、电信网、互联网三大网络高层业务应用的融合必将带来新的信息技术革命；在宽带普及率和互联网接入方面，美国力争重返世界领先地位；提出在信息传感网、公共安全网、智能电网等方面，加大现代化基础设施的建设；在《2009 年美国复苏与再投资法案》的支持额度中，约 72 亿美元投资于宽带网络扩建，其中涉及信息产业的政策包括美国宽带网络扩建等；2010 年美国“国家宽带行动计划”指出，与一个世纪前的电一样，宽带是未来一段时间世界经济增长、就业、全球竞争和创造更好生活的基石。

（3）重视生物医药、电动汽车、海洋、航天领域的发展。美国长期以来支持医药卫生产业的发展，在这方面的财政投入也处于世界领先水平。危机后，加大了对生物和医疗产业（如干细胞技术）的投入力度，增加纳米技术研发预算（2010 年为 16 亿美元）；拿出 200 亿美元用于电动汽车的研发和推广；在 2009 年 7870 亿美元的经济刺激计划中，生物医学领域的基础性投入占 100 亿美元；还有 20 亿美元的追加科研投资，主要分布在航天、海洋和大气领域。

（二）美国金融对战略性新兴产业的支持

美国的金融市场体系比较发达，借贷市场、主板市场、纳斯达克市场、风险投资市场、民间资本市场等构成了完整的体系。金融危机后，美国政府提出并实施了完善金融市场支持新兴产业发展的各种措施，有着很好的借鉴意义。

（1）信贷市场。低息贷款是经常被采用的支持方式，这种贷款有着明显的政策性，是政府为支持某一产业或行业而提供的贷款优惠措施，如为支持新能源汽车的发展，2008 年，时任总统的布什签署了总额为 250 亿美元的“高科技车辆制造激励计划”，为先进汽车制造商提供低息贷款，并对汽车商进行严格的审批，一直到 2009 年 6 月才公布了首批接受贷款的汽车厂商名单。首批约 80 亿美元的低息贷款发放给了福特、日产和特斯拉，它们分别获得 59 亿美元、16 亿美元、4.65 亿美元，这些资金将用于混合动力汽车、插电式混合动力汽车和柴油车的研发。

值得借鉴的还有美国为支持中小企业的发展专门成立的中小企业局，作为一个政府直接参与中小企业融资的途径，为中小企业发放贷款。贷款的方式有三种：中小企业局向中小企业全额发放贷款；中小企业局和银行协调贷款，即共同为企业提供贷款；银行为中小企业提供全额贷款，中小企业局为企业提供 90%的担保。不管是哪种贷款方式，其利率水平均低于市场利率。

美国银行市场化的运作方式也为其提供了更加便捷的融资渠

道。比如，美国的硅谷银行，硅谷银行是专门为风险投资提供贷款和投资的银行，这些风险投资再投向于新兴产业。硅谷银行关注的主要是科技领域。很多企业想找风险投资都首先找到硅谷银行。可见，硅谷银行为战略性新兴产业融资提供了间接而有效的渠道。

（2）创业投资引导基金。在技术扩散和产业化过程中，美国政府的支持政策也具有很强的导向性。近 5 年，美国政府每年投资 100 亿美元推动清洁技术从研发走向商业化，甚至规定，从军事研究预算中每年拿出 300 亿美元，从事通信、计算机网络、生物等民用产业的研发，且要求 726 个军事研发实验室把现有预算的 10%～20%拿出来与工业界合资兴办民用企业，以促进高科技成果在民用工业中的使用。这些都对社会资金有着很强的引导作用，为新兴产业广泛吸收社会资金提供了一定程度的保障。

（3）健全交易机制融通资金。“能源新政”的一个重要内容就是在整个经济体内，建立碳排放额度的拍卖和交易机制；美国可再生能源使用标准（RPS，规定了每个州可再生能源取得的比例）的实施细则规定了绿色证书制度，该制度规定合格新能源厂商每生产 1 千瓦时电量就可得到一份绿色证书，这种证书可以通过市场交易实现其价值（每份 1.5 美分），或者可以通过存入银行的方式实现融资。

（4）风险投资市场。这是美国金融市场最显著的特征。风险投资市场是美国资本市场的亮点，有着“官助民营”的特点，政府只是提供政策上的支持和鼓励，如完善相应的法律法规，创造宽松稳定的发展环境，政府很少干预风险投资市场，这种运作方式是在资本市场发展成熟的环境中进行的。美国的风险投资切实为新兴企业融资解决了难题。2011 年第四季度，美国风险投资为 364 家初期阶段的企业共提供了 22.7 亿美元的融资，有 23.6 亿美元的风险投资资金提供给了 222 家成长阶段的企业。2011 年全年，美国的风险投资总额为 284.3 亿美元，项目数量为 3673 个。图 6-2 给出了近年来美国风险投资的变化，从图中我们可以看出，受金融危机的影响，美国的风险投资规模出现了暂时性的萎缩，但是其回升的速度是很快的，只用了两年的时间就基本回到了危机前的水平，这主要得益于其市场的内在机制的稳定性。

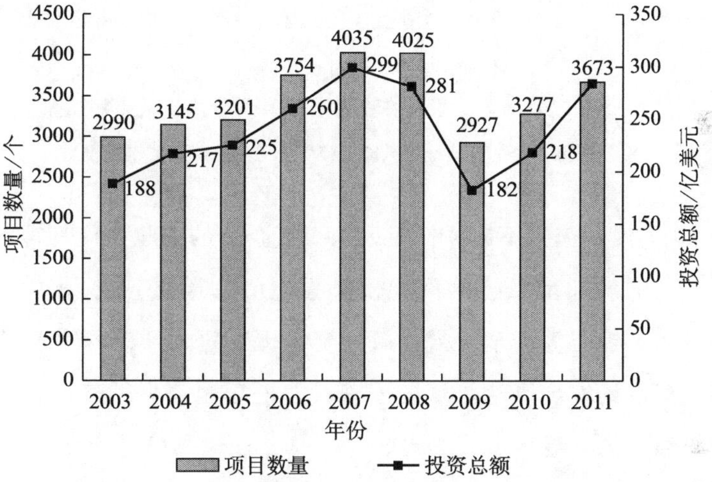

图 6-2 近年来美国风险投资的变化图

资料来源：参见美国全国风险投资协会（NVCA）历年风险投资年度报告

美国风险投资市场的成熟性还体现在风险投资对种子期和初创期企业的扶持力度上。在我国，处于这些阶段的企业是很难得到风险投资的青睐的；而在美国，这些企业从风险投资那里融资就相对容易得多，从图 6-3 中我们可以看出，风险投资投资于种子期和初创期的资金量基本都在其总量的 40%以上，尤其对初创期企业的投资，基本是四个阶段中投资最高的。

美国的风险投资之所以发展得如此成熟，得益于政府一贯的支持。美国在 1958 年就颁布了相关法律，确定风险投资的合法地位，提出要支持风险投资的发展，为其中小高科技企业服务，有些地方政府在当时还制定了相应的措施帮助风险投资发展；20 世纪 70 年

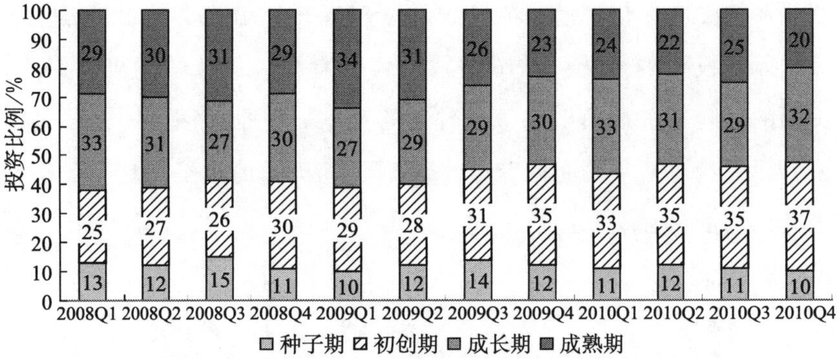

图 6-3 美国风险投资在企业各个发展阶段投资比例图

资料来源：参见美国全国风险投资协会历年风险投资年度报告

代和 80 年代，美国不断降低对风险投资企业的税收，使其得到了迅猛发展；不断开拓风险投资资金来源，允许养老基金、保险公司、证券公司、银行等资金进入；政府资金无偿资助风险投资企业；成立第二板市场实现风险投资的变现；放松管制，为风险投资提供一个宽松稳定的发展环境，等等。

除了主板市场外，美国还拥有成熟的为新兴企业融资的第二板市场和第三板市场，特别是纳斯达克（Nasdaq）市场，不仅为新兴企业提供了很好的融资渠道，还为风险投资进入和退出新兴产业提供了途径。

二、欧盟战略性新兴产业的选择重点及支持举措

金融危机之后，欧盟各国又深刻感受到欧债危机的威胁，在动荡不安的国际环境下，产业升级的呼声越来越高，发展壮大新兴产业已经成为欧盟各成员国的必然选择。

（一）欧盟重点支持低碳经济和物联网技术

在应对气候变化方面，欧盟一直是积极的倡导者，也是“低碳

经济”的发源地。2000年的《里斯本计划》将知识经济作为发展核心，但是近10年的实施效果并不理想，欧盟在知识经济方面与美国和日本相比仍不占优势。欧盟在制订第二个十年计划时吸取了之前的教训，将发源于本土的“低碳经济”作为其未来战略规划的重中之重。2007年3月，欧盟27国领导人通过了欧盟一揽子能源计划，将“低碳经济”作为未来发展的方向，被认为是“新的工业革命”。2008年通过了《欧盟能源技术战略计划》，鼓励推广风能、太阳能、生物能源等“低碳能源”技术；2009年制订了一项发展“环保型经济”的中期计划，筹措1050亿欧元促进低碳经济的发展。

欧盟实施了欧洲物联网行动计划。欧洲委员会通过研究和发展框架计划（FP5－FP6－FP7）和竞争力与创新框架计划（CIP），对物联网技术进行投资，通过了货运、物流、智能交通系统的行动计划。

(二) 欧盟对战略性新兴产业的金融支持

(1) 信贷市场支持战略性新兴产业。为了改善中小企业尤其是高科技中小企业的融资现状，欧盟设立了专门的机构——欧洲投资银行。欧洲投资银行主要为创新型的中小企业提供优惠贷款。欧洲投资银行作为欧盟成员国政府间的金融机构，有着利息优惠和还款期长的特点，尤其在为支持研发创新活动发放贷款时，其吸引力更能体现，一般贷款比率占投资总额的50%，其为战略性新兴产业提供了强大的资金支持。2011年11月17日，其与爱尔兰ESB Networks签署了2.35亿欧元的贷款协议，用于爱尔兰智能电网的研究开发，同日还与都柏林大学签署了9000万欧元的贷款协议用来改善其研发设施；11月18日，与法国Pierre Fabre实验室签署贷款协议，投入1亿欧元，为生物医药领域提供支持；2012年2月，与法国的 Crea-sol 小额信贷研究所的机构签署协议，向其提供 100 万欧元支持微型企业及个人创业。

除了欧洲投资银行，还有一个专门机构是为创新型中小企业融资服务的，即欧洲投资基金。欧洲投资基金是全球第一个国际性的中小企业担保机构，主要为中小企业与国外合作提供服务。其服务工具主要有两个：为雇员在 50 人以下的企业的有关信息和通信技术提供担保，为具有发展潜力的高技术企业提供投资总额 25%以下的风险投资。欧洲投资基金对雇员不足 100 人的中小企业提供贷款担保，使资金流向具有高收益的项目。

欧盟许多成员国为支持中小企业的发展，设立了专门的如中小企业银行等形式的扶持机构。例如，英国在 2000 年设立了小企业服务局，不仅为小企业提供咨询服务，还负责参与政府支持政策的实施，为小企业争取各种利益。英国还设立了“小企业信贷担保基金”，政府为中小科技企业放贷的机构提供担保；德国设立了中小企业局，并设立了复兴信贷银行和平衡银行，为中小企业提供创新和创业的资金帮助；意大利成立了合作银行、互助银行等，进行低息长期贷款；匈牙利执行的“技术创新信贷项目”，由匈牙利开发银行和其他商业银行共同为中小企业的创新活动提供贷款。

(2) 创新投资基金。2009 年 7 月，英国公布了针对节能住宅、核能、潮汐能、风能及新能源汽车等方面建设的《低碳转型发展规划》，并于 2010 年 1 月、2 月相继设立了共 3.25 亿英镑的创新投资基金，分别投资于低碳清洁技术和生命科学、先进制造和数字产业；法国政府成立了 200 亿欧元的“战略投资基金”来发展战略性新兴产业，其资金主要用于新能源、航空、汽车等企业。

截止到 2011 年，欧盟委员会和欧洲投资银行于 2007 年设立的风险投资基金已经帮助75家企业获得研发贷款70亿欧元，这些贷款主要是以参股或者贷款担保的形式通过欧洲投资银行这一渠道获得的。2011年，欧盟委员会和欧洲投资银行再次签署协议，扩大风险投资基金的规模，将在之后两年准备60亿欧元的研发贷款，其中有12亿欧元是针对创新型中小企业的。有了这种形式，商业银行按照“先到先得”的原则向欧洲投资银行申请贷款担保，如果企业违约，该基金可保证商业银行收回50%的商业银行贷款，这种创新研发贷款将使500多个创新中小企业受益。

2005年，英国曾推出过“企业资本基金”试点项目，政府向具有发展潜力的中小企业提供融资。试点工作进行几年以来，取得了很好的效果，因此英国政府决定再投入5000万英镑，在接下来的两年继续实施这项工作；英国还设立了“早期发展基金”，由中央和地方政府共同为企业贷款提供服务。

(3) 风险投资。欧盟的风险投资虽然没有美国那样成功，但是其发展也有值得借鉴之处。2011年12月，欧盟9家风险投资公司签署了一份备忘录，这9家风险投资来自于欧盟的8个成员国，决定在2013年成立名为“泛欧基金”的风险投资基金，用来扶持创新型中小企业，预计该基金规模为2.5亿欧元，这种基金模式为风险投资公司实现跨国投资提供了渠道。

英国风险投资市场很发达，在1995年，英国就建立了“风险投资基金”，对中小企业提供资金支持，1999年超过10亿英镑的资金投入到高技术企业中；风险投资基金鼓励企业和个人向其投资，2004年，为向企业或个人投资的风险投资基金提供减免20%所得税的优惠，这种优惠从2006年开始提高到30%。这种政府运用引导基金鼓励社会资金投入的方式可以起到政府资金的杠杆效应，从而可以用这些资金为创新中小企业提供贷款担保等支持。

(4) 资本市场。新市场、创业板市场、和欧洲伊斯达克

(EASDAQ)市场组成了欧洲的新兴资本市场。EASDAQ市场为创新型中小企业提供了融资渠道。自1996年运行以来，其融资能力不断提升，目前已经有数百家企业注册。欧洲的主要金融中心都建立了股票市场，如伦敦、巴黎、法兰克福等，这些市场组成了为中小企业融资的新市场；巴黎证交所目前已经与荷兰、比利时、德国一起形成了一个欧洲范围内的股权市场，为新生企业提供融资，其上市标准更加灵活。

三、日本战略性新兴产业的发展现状和金融支持

（一）日本现阶段重点发展新能源、新能源汽车

近几十年来，日本在应对经济危机、促进产业升级、发展新兴产业方面积累了丰富的经验。为应对石油危机，日本将计算机、新能源、新材料等产业作为重点扶持对象，这些产业也成为日本经济复苏和快速发展的主力军。进入21世纪后，日本更加重视新能源产业，将其作为调整经济结构、拉动经济增长、增强国际竞争力的主要力量。2009年4月，日本推出了新增长战略，指出要重点发展电动汽车、太阳能发电等新兴产业；2009年12月制定的《面向光辉日本的新成长战略》中提出要充分发挥其优势，发展环境与能源、健康（医疗、医药等）两大方向。2009年，日本颁布了《新国家能源战略》，对温室气体的排放量、太阳能发电和应用规模、环保汽车的推广提出了一系列的目标。

（二）日本金融支持战略性新兴产业的措施

（1）优惠贷款。和欧盟一样，日本也专门针对中小企业融资设立了机构，比如，国民金融公库和环境卫生金融公库是提供优惠贷款的机构，另外还成立了三个政策性金融机构提供低息贷款，各个

县还成立了中小企业担保协会，这是一个提供担保的非营利性组织。这些为中小企业服务的机构也为战略性新兴产业的发展提供了强有力的融资保证。

日本政府通过政策性银行为战略性新兴产业提供优惠贷款，如日本开发银行就对进行节能投资并且符合一定条件的企业提供过低息贷款。按照规定，对于单个项目节能量超过 100 千焦的，提供1～30 年、利率为 2.2%的贷款支持，企业改造设备使其更加符合环保和节能要求的，享受特别的利率优惠。另外，日本还建立了“特别贷款制度”振兴地方技术，为企业更新设备提供低息贷款，高新区的企业可长期享受这种优惠，同时，科技厅下设“新技术开发事业团”，如果企业开发风险较大，则可享受 5 年无息贷款，成功者偿还，对失败者则没有要求。

（2）大力发展风险投资市场。日本的风险投资仅次于美国，是风险投资市场比较成熟的国家，这与其国家长期以来对风险投资的支持是分不开的。为培育新兴产业，日本在 20 世纪 90 年代曾提出过一些支持风险投资的措施：国家出资设立专门机构为风险投资提供无息贷款，共出资 400 亿～500 亿日元预计支持 10 年；设立专门的资金为风险投资企业从银行贷款提供担保；为风险投资公司的公司债提供保证；制定相关法规进行支持；第二板市场的推出为风险投资提供了退出渠道。

（3）设立风险担保基金。担保基金由中央担保基金和地方担保基金组成，中央担保基金由中央财政负责，对政府担保基金提供再担保；地方担保基金则由地方负责，对战略性新兴企业提供担保。例如，日本的德清县成立的科技企业创业投资风险基金，这项风险基金由县乡两级政府共同出资设立。以风险补偿的方式鼓励社会风险投资和担保机构进入高科技企业，以奖励的方式鼓励企业进行技术创新。发达国家战略性新兴产业发展现状比较见表 6-1。

表 6-1 战略性新兴产业国际比对表

地区	出台的方案	重点产业	措施	战略目标
美国	2008 年 10 月：《美国：国家生物燃料行动计划》 2009 年 2 月：《2009 年美国复苏与再投资法案》 2009 年 8 月：《美国创新战略：驱动可持续增长和高质量就业》 2009 年 12 月：《重整美国制造业政策框架》 2010 年 3 月：《接连美国：国家宽带计划》	高科技清洁能源、生物工程、航天业	优惠贷款、设立风险投资基金、健全交易机制	复兴制造业为核心的“再工业化”
欧盟	2008 年 12 月：《欧洲经济复苏计划》 2009 年 6 月：《欧洲物联网行动计划》 2009 年 7 月：《环保型经济》中期计划 2010 年 3 月：《欧洲 2020 战略》	新能源、物联网、节能汽车	优惠贷款、风险投资市场、风险投资基金	大力发展“环保型经济”及物联网技术
日本	2009 年 4 月：《未来开拓战略》 2010 年 4 月：《下一代汽车战略》	新能源汽车、太阳能发电	低息贷款、设立风险担保基金、发展风险投资市场	制定太阳能发电及节能世界第一计划、大力开发并普及环保汽车

第二节 我国战略性新兴产业的金融支持现状

一、信贷支持力度不断加大

2011 年 12 月，国家工业和信息化部和国家开发银行签署“十二五”战略合作协议，推出专项贷款支持战略性新兴产业。《国务院关于加快培育和发展战略性新兴产业的决定》（简称《决定》）指出，要运用各种方式促进金融机构扶持战略性新兴产业，进一步完善贷款评审制度，积极推进知识产权融资等各种金融创新，并建立政府出资的担保体系。

各部门、各地政府及金融机构积极贯彻落实《决定》精神：广东省在2011～2015年的五年内统筹安排50亿元，通过政银企合作贷款贴息的方式，对获得合作金融机构贷款的战略性新兴产业企业项目所实际支付的利息给予补助；吉林省农业银行自2009年以来，累计投放战略性新兴产业贷款37.5亿元，并出台《对公贷款营销指引》，引导各级银行结合区域产业特征，有重点地加强对战略性新兴产业的信贷支持。

二、多层次的资本市场初步形成

目前，我国形成了主板、中小板、创业板和新三板、天津股权交易所等场外交易市场相结合的资本市场体系。尤其是创业板的推出，为战略性新兴产业提供了资金融通和退出的有效途径。自创业板市场推出以来，截至2011年8月，共有256家企业挂牌上市，总融资1840.71亿元。在这256家企业中，有92.6%属于高科技企业，绝大多数分布在战略性新兴产业领域。产权交易、股权交易等场外交易市场的兴起更是拓宽了科技企业的融资渠道。

深圳证券交易所综合研究所的研究报告指出，截至2011年6月30日，深市1269家上市公司中已有战略性新兴产业上市公司280家，占比为21.5%，其中主板33家，占比6.8%；中小板124家，占比20.9%；创业板战略性新兴产业公司数超过中小板，达125家，占比为52.97%。[①]

---

① 数据来源：深圳证券交易所综合研究所研究报告：余坚，2011，战略性新兴产业上市公司现状及特点分析（深证综研第0182号）。

三、风险投资基金为战略性新兴产业的发展提供助力

我国政府为风险投资机构和其他私募股权投资机构介入战略性新兴产业提供了一系列的优惠政策，并成立风险投资基金引导社会风险投资的进入。

金融危机后，我国科技部和财政部出资 3.09 亿元作为引导基金，成立了 14 家创业投资公司，这笔资金共带动社会资金 20.43 亿元，各地政府也纷纷设立创业投资引导基金（图 6-4），尤其是近两年来，各地的政策不断完善，支持力度不断加大，创投引导基金的作用将得到较好的发挥。

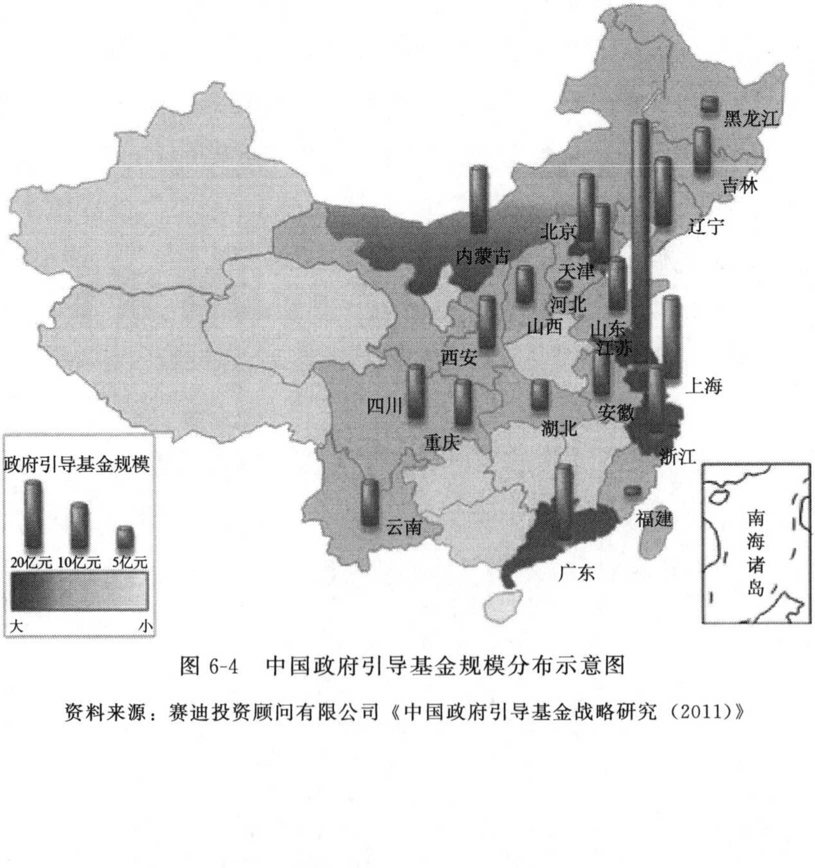

图 6-4　中国政府引导基金规模分布示意图

资料来源：赛迪投资顾问有限公司《中国政府引导基金战略研究（2011）》

江苏省成立引导基金，省级首期出资10亿元人民币，以后根据实际情况逐步调整规模。这种引导基金以承诺的方式参股创业投资企业，但资金到位不先于社会资金，并且对单个风险投资企业的参股比例不得高于30%，且不能成为创投企业的第一大股东。省级、市级、县级引导基金资金参股同一家企业的合股比例不超过50%，并规定，投资的企业必须以初创期企业为主，比例不得低于30%。

广东省财政注资省粤科风险投资集团10亿元，由其设立创业风险投资资金，采用参股、担保、跟进投资、贴息方式支持创业企业发展；设立省级创业投资引导资金20亿元，通过委托专业的管理机构进行管理运作，支持战略性新兴产业创新、创业。安排战略性新兴产业再担保资金10亿元，通过再担保手段放大资金投放效应，促进战略性新兴产业贷款融资。

上海市政府在2010年设立了30亿元的创业投资引导基金助威战略性新兴产业。2011年4月，与12家基金签约，引导基金承诺出资8亿元，带动总基金规模40亿元，致力于新一代信息技术和生物领域种子期和初创期的企业。

2011年，北京设立了4家创投基金，总规模10亿元，用来发展电子信息、生物医药、新能源和环保、高技术服务业等领域。

2011年9月，财政部与发展和改革委员会出台政策，明确中央财政将参股创投基金，投资于战略性新兴产业和高科技改造传统产业领域。

自2009年以来，各种风险投资及私募股权投资机构在战略性新兴产业领域的投资情况从图6-5可以看到：2009年前三个季度，风险投资和私募股权在战略性新兴产业的投资变化不大，可能是受金融危机的影响，但是投资案例数在增加，这说明风险投资和私募股权投资的活动还是比较活跃的。到了第四季度，投资额出现了较大幅度的增加，之后在较高水平浮动，这说明我国近几年来风险投资和私募股权资金在战略性新兴产业的投资活动比较活跃。要想更加合理引导和正确利用这些资金，还需要政府从制度上加以鼓励和规范。

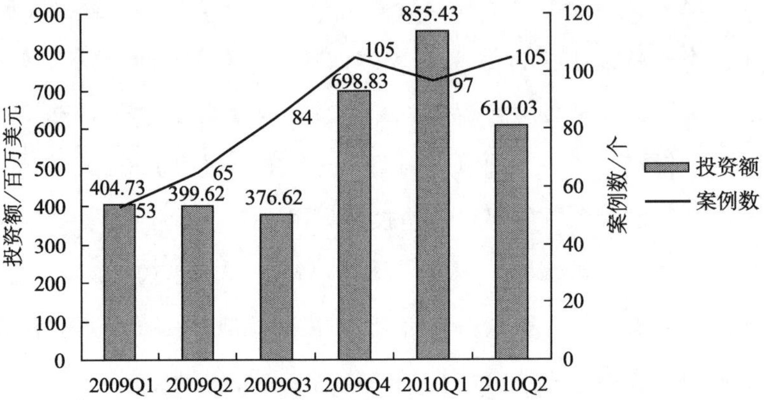

图 6-5　2009～2010 年各季度 VC/PE 战略性新兴产业投资统计

资料来源：参见清华大学中国经济研究中心公布数据

第三节　我国与发达国家和地区战略性新兴产业金融支持的比较

一、银行信贷支持战略性新兴产业作用不明显

我国在银行信贷支持战略性新兴产业方面与发达国家存在较大的差距。发达国家纷纷成立了针对高技术产业和中小企业的专业贷款机构，如美国的中小企业局、欧洲投资银行、欧洲投资基金、英国的小企业服务局、日本的国民金融公库等，并为科技型企业尤其是科技型中小企业提供财政担保等。而目前我国还没有类似的专业银行，并且现有的商业银行在对企业，尤其是处于发展之初的科技型企业提供贷款时有很多的限制条件：抵押担保要求很苛刻，一般企业没有足够的抵押品，或者企业的抵押品银行不能给予合理的估

值，知识产权的鉴定和估值目前还是难题，产权交易市场不发达，等等。尽管政府出台了一些针对银行提供优惠贷款的激励政策和担保政策，但是就目前来说，实施效果还不尽理想，调研中的大部分企业无法得到银行贷款。

二、风险投资市场和发达国家相比很不成熟

风险投资作为主要针对科技企业的投融资渠道，对战略性新兴产业的发展至关重要。风险投资市场的发展也直接影响了战略性新兴产业企业尤其是中小型企业资金的融通。发达国家的风险投资市场很成熟，对战略性新兴产业的支持作用非常明显。例如，单就新能源领域，美国硅谷自 2005 年以来就已经有 100 亿美元投入其中。发达国家和地区风险投资市场之所以这么发达，与其政府一贯的支持是分不开的，比如，美国对其投资额的 60%免税，其余的减征所得税，并且给予小企业投资公司的发起人一定的税收优惠，为风险投资提供贷款贴息、向企业提供信用担保等。日本为天使投资基金提供税收优惠。这些方法正在被越来越多的国家所采用，尤其是信用担保，更是一种积极有效的措施。

近几年，虽然我国在风险投资总体规模上发展很快，但是在总体水平上和发达国家的差距还是很大的，比如，发达国家在种子期和初创期的投资明显高于我国，可以说，我国的风险投资市场还没有真正为科技型中小企业，尤其是发展初期的企业服务；我国的风险投资市场主要是由政府主导的，多为政府资金创立，养老基金、保险资金等进入不到风险投资领域，机构投资者很少，像发达国家那样养老基金、保险公司、商业银行资本广泛投入风险资本的布局尚未形成，社会资金利用效率很低；企业对风险投资的认知程度也有待加深。就目前来说，我国企业普遍反映对风险投资缺乏了解，

并由于害怕股权稀释等原因不愿引入风险资本；另外，我国还存在着体制机制上的障碍，中介服务体系不健全。这些都严重阻碍了我国风险投资市场的发展。

在对既定产业进行扶持的时候，政府资金作为引导基金的形式比较常见，而在发达国家，主要是通过市场调节资金流向的，政府则很少直接干预风险投资市场，只是作一些政策上的指导和法律上的规范。我国要想发展到这种程度，任重而道远。

三、资本市场发展不完善

相对于发达国家来说，中小科技企业在资本市场融资的可能性要小很多。就目前来说，战略性新兴产业的中小企业由于准入条件的限制很少能够进入主板市场融资。所以，除了主板市场外，各个国家也推出了针对高科技企业和中小企业的场外交易市场，如闻名全球的纳斯达克市场。我国也推出了新三板、天津股权交易等场外市场和创业板市场为高技术企业融资。但是在具体运作上，我国与发达国家存在着较大的差距。我国的新三板主要针对北京中关村科技园区的企业，其覆盖面很窄，到目前为止，在新三板上市的企业数目刚超过 100 家。创业板市场的推出虽然是资本市场的一次变革，但是在很多中小企业看来，帮助并不是很大，进入门槛还是太高，大部分企业无法达到其要求。其要求上市公司股本总额不少于 3000 万元，连续两年盈利，且累计不少于 1000 万元。这对处于成长阶段、需要大量资金的高科技企业来说是很难的。

美国纳斯达克市场是很成熟的市场，目前，有 5000 多家企业在其上市。其除了全国市场外，还有小额资本市场，对企业的要求更低些。欧盟的新市场、创业板市场、和 EASDAQ 市场为新兴产业提供了强有力的资金保障。

本章附录　广东LED产业发展创新模式

LED产业是当前广东省发展战略性新兴产业的三大突破口之一，也是广东科技主管部门面向经济建设主战场，促进科技与产业紧密结合，提升自主创新能力和产业竞争力的主攻方向。

作为高投入、高技术含量的新兴产业，LED照明产业在起步之初的最大困难是用户、企业和金融机构三者之间难以形成合力：对用户来说，因大规模改用LED产品一次性投入太大，而不容易作出批量采购的决策；对企业来说，没有大规模的用户群体则产品成本难以下降；对金融机构而言，因新的产业领域信贷投放风险较高而惜贷。

针对当前国内LED工程造价仍较高，合同能源管理公司规模小，银行不愿为EMC项目提供融资支持的瓶颈，广东省科技厅在“企业＋用户＋银行”模式的基础上创新设计和推广“合同能源管理＋供应链＋金融”的商业模式，全力扩大LED产业和市场规模。

一、背景

据统计，2010年广东省共推广应用LED路灯20万盏，示范路段总长2000公里，超额完成“千里十万”LED路灯示范工程的建设任务。在终端市场强劲需求的拉动下，全省LED产业实现工业总产值853亿元，同比上一年翻一番，企业接近3000家，从业人员55万人，带动就业220万人，产值和规模继续位居全国首位，成为战略性新兴产业的投资热点。惠州科锐、比亚迪照明等一批超10亿元的重量级项目纷至沓来，总投资60亿元的中国台湾洲磊LED芯片等巨无霸项目的落户，预示着广东LED产业即将迎来新一轮井喷。

在推动实施“千里十万”工程中，广东省分别选取买方信贷、卖方信贷、“企业＋银行＋用户”等多种商业模式进行试点。虽然取得一定的成效，但作为高投入、高技术含量的新兴产业，LED照明产业在起步之初的最大困难是用户、企业和金融机构三者之间难以形成合力，仍无法有效破解LED路灯示范工程融资难的瓶颈。为此，广东省科技厅对已有商业模式进行了比较分析，找到了其中的短板。首先，LED路灯生产企业规模小，自有资金难以支付庞大的工程投资，而向银行贷款又因资产负债率过高而不符合放贷条件，所以卖方信贷难以操作；其次，国内的合同能源管理（EMC）公司规模小，即使拿到了工程合同，银行认为项目风险太大而不愿放贷，传统EMC甚至“EMC＋银行”的模式也“水土不服”；最后，地方政府由于财力有限、部门利益纠结等原因，不愿为LED示范工程融资或提供担保，买方信贷也无法实施。

在广东省LED路灯应用推广广州现场会召开之后，广东省科技厅牵头会同省LED照明技术及产品推广应用联席会议成员单位和有关地市，以自主创新为主线，以LED路灯示范工程为突破口，以“合同能源管理＋供应链＋金融”商业模式创新为先导，全面加大LED照明技术及产品的推广应用力度，全力扩大终端市场需求，拉动LED产业不断取得新突破，跃上新台阶。

二、“合同能源管理＋供应链＋金融”商业模式的内涵

“合同能源管理＋供应链＋金融”模式是省科技厅在总结前期LED路灯示范工程建设经验和教训的基础上设计的新商业模式。其中，供应链公司负责75%的融资，在标杆指数的指导下进行LED产品的质量控制和选定，评估并指导EMC公司具体工程的实施。EMC公司根据自身能力和条件，承担全部或者部分市、县（区）、镇路段路灯工程（单个工程规模应不少于2000盏，以替代150瓦以上高压钠灯数计）的技术方案设计、投资计划、能耗诊断、施工、

节能电费返还方案及维护运营等具体执行工作，相关方案获得业主及供应链公司以招标方式认可后，签署三方工程实施合同。

在“EMC＋供应链＋金融”的新商业模式中，有实力的供应链管理公司与EMC公司结成了战略伙伴。一方面，供应链管理公司凭借自身财力，并通过示范工程的投资争取银行的大额低息贷款。同时，供应链管理公司通过对生产、销售、工程、服务等流程的垂直整合，可有效地控制产品质量和工程风险。另一方面，EMC公司以供应链管理公司争取到的授信额度为后盾，全力开拓市场，承接更多的工程，又进一步增强了供应链管理公司与路灯制造企业的议价能力，这种良性循环构成资金流动的闭合链条，使工程的运营成本得以大幅降低。

三、新商业模式的实施

在广东省科技厅对LED产业的大力推动下，“广东省绿色照明示范城市”项目正在全面铺开，运用“EMC＋供应链＋金融”商业模式，开展照明节能改造。截至目前，广东省财政专项补贴资金1.5亿元已拨付到位，示范城市均按《广东绿色照明示范城市资金使用细则》的规定设立了监管账户，共发布两批《广东省绿色照明示范城市推荐采购产品目录》，面向全省推荐50个用以替代三种普通高压钠灯的LED路灯产品，为保障LED路灯产品质量和示范工程提供了方法和手段。

新商业模式引入广东中信供应链管理有限公司作为项目市场推广合作伙伴和项目承担单位，以及EMC公司作为项目的节能改造实施执行单位。为了平衡各方的利益诉求，广东省科技厅从省战略性新兴产业发展专项资金中补贴性投入10％，地方财政配套投入15％，广东中信能源供应链管理有限公司融资投入75％，解决了原有模式EMC融资难、LED生产企业资金压力大、产业发展受阻等问题，通过明确项目参与各方工作职责，充分发挥各方优势，让EMC更加专注工程技术服务。在绿色照明示范城市中，广东中信能源供应链管理公司带来了资金支撑，解决了资金周转的问题，通过节能返还实现资金回笼。同时作为项目承担单位，供应链管理公司也对要参与项目的EMC公司进行能力审核，协助各地市政府组织EMC的招投标，规范了项目的管理和风险。该模式一经推出，立即受到广东省内多个地市的欢迎，纷纷与广东省科技厅签约共建绿色照明示范城市，根据广东省科技厅与广州、佛山、东莞、中山、珠海、惠州、江门、肇庆、梅州等9个城市签署的共建协议和《广东绿色照明示范城市资金使用细则》的规定，“广东省绿色照明示范城市专项行动”全面采用“EMC＋供应链＋金融”的商业模式，按照成熟一批、建设一批、滚动发展的原则，预期2年内在9个市完成60万盏LED路灯的应用规模，打造世界级的LED综合应用示范区。

四、新商业模式的亮点

“EMC＋供应链＋金融”商业模式得以诞生和存在，有两大亮点。

一方面，新商业模式补足融资短板。合同能源管理模式在中国LED照明业遭遇“水土不服”。原本想解决价格高昂的LED照明产品大规模推广难题的模式，并没有收到预期效果，主要原因是资金回收速度太慢。EMC模式的主要操作方式是，LED照明企业首先免费向用户提供一批LED产品，用户在使用产品后，把产生的节能效益在一定时期内返还。当返还达到一定周期后，用户将最终拥有LED产品。实际操作中，EMC模式主要有两种：一是对每年节省的电费，按比例由节能改造的双方分成，逐年返还，直至完成合同约定金额为止，合同执行周期较长；二是每年节省的电费，全额返还给LED照明企业，直至合同约定金额为止。这种模式回款速度快，更受LED企业的青睐。但不论哪一种，对企业而言，先提供一批价格高昂的LED产品就是一笔巨额资金。实际操作中数以年计的资金回转周期，更让LED企业承受巨大压力。新商业模式最大的特点是通过大型的供应链公司，将金融机构、担保公司等纳入，LED照明企业将不再直接与用户发生资金关系，从而达到最快回收资金的目的。

另一方面，新商业模式真正实现“利益共享”。除了引入供应链和金融环节之外，新商业模式的另一大特点是“利益共享”。采用新商业模式后，将由金融机构一次性支付采购费用给LED企业，用户再向金融机构支付贷款利息。不过，参与新商业模式的用户在支付采购费用时，还将享受到LED产品的收益权。“利益共享”是新商业模式的生命力所在。

第七章

战略性新兴产业金融支持体系构建

根据前面几章的分析，我们发现，战略性新兴产业的融资需求和资金供给之间的矛盾显著，融资问题突出。我们认为，造成战略性新兴产业融资问题的主要因素有以下几个方面：①战略性新兴产业企业自身因素阻碍了企业融资，如多数战略性新兴企业处于初创期、不确定因素多、经营风险大等；②金融机构信贷融资障碍阻碍了企业融资，如贷款条件苛刻，手续烦琐，担保机制不全，企业对金融工具不熟悉等；③资本市场融资障碍阻碍了企业融资，如缺乏真正意义上的创业板，新三板市场也有待成熟；④风险投资机构融资障碍阻碍了企业融资，如政策环境限制、退出机制不成熟等。根据这些结论，本章在前文的基础上，从政策性金融、企业信贷融资、资本市场、风险投资等方面，提出了完善战略性新兴产业金融支持体系的对策建议。

第一节 完善政策性金融支持体系

通过政府的力量，利用税收优惠政策、增加引导性扶持基金、完善信用担保体系等措施来支持战略性新兴产业的融资能力是解决市场失灵的有效措施。在经济转型时期，市场的力量本身就受到诸多限制，这种政策性的金融支持体系对缓解战略性新兴产业企业融资困难显得尤为重要。

一、利用税收优惠政策，提高内源融资能力

战略性新兴产业企业外源性融资能力不足，因此，通过各种税收政策为战略性新兴产业企业提供优惠，不但体现着国家积极发展新兴产业的政策导向，大大激发技术创新的热情，而且也会减轻企业的资金压力，提高其内源融资能力。

（一）战略性新兴产业企业税收优惠措施存在的问题

近年来，专门针对战略性新兴产业企业的税收优惠力度不断加大，但依然存在以下几个方面的问题。

首先，目前税收政策的支持重点为高速发展阶段或者成熟阶段的企业，真正针对处于创业阶段企业的税收优惠政策比较缺乏，而战略性新兴产业企业中有很多正处于种子期、初创期及初步发展期，这些企业不能充分享受到税收优惠政策。因此，对这些融资问题原本就较为突出的战略性新兴产业企业来讲，税收优惠政策的效果并不明显。

其次，税收政策向国有企业和大企业倾斜的局面并没有发生根

本性改变。例如，企业所得税分为33%、27%、18%三个档次的比例税率，表面上看照顾了不同盈利水平的企业，实质上并没有体现“量能纳税”的原则。而战略性新兴产业企业要想享受所得税、成果转化及税后再投资等方面的税收优惠，要么必须经过相关部门的认定，要么有期限和规模的限制，这样的门槛使得许多企业基本享受不到特殊的税收优惠政策。

再次，税收优惠政策在设计上侧重于产业链下游，针对前阶段的技术研究和项目开发转化环节的优惠比较少，这导致企业研究开发新产品的投入不足，研究费用不够。战略性新兴产业是新兴科技和新兴产业的深度融合，代表着科技创新和产业发展的方向，具有“知识技术密集、物质资源消耗少、成长潜力大、综合效益好”的特点。研发是企业的核心，研发费用自然占据较大的比重。科技部、财政部和国家税务总局2008年联合发布的《高新技术企业认定管理办法》把研发费用占收入的比重上调为6%，可见，目前战略性新兴企业的研发费用投入相对而言比较少，应发挥财政税收政策的资金引导作用，提高企业的研发费用投入。

最后，税收优惠以直接优惠为主，缺乏间接优惠。例如，广东省对战略性新兴产业企业的税收优惠主要表现在税率的优惠和税额的定期减免上，强调的是事后的利益让渡，对引导企业事前进行科技研究与开发的作用较弱。税收的间接优惠则主要表现为对企业税基的减免，强调事前的调整，通过对企业的固定资产实行加速折旧、对技术开发基金允许税前列支及享受投资减免等措施调低税基，针对这一点，广东省对战略性新兴产业企业的税收优惠政策中虽有一些规定，但很不充分。

（二）完善针对战略性新兴产业企业的税收优惠政策

在税收激励政策方面，针对战略性新兴产业人力资本和研发费用比例较高、发展初期进入市场难度较大的特征，应加大完善税收激励政策，落实好促进科技投入、科技成果转化和支持高技术产业发展等税收政策，结合税制改革方向和税种特征，运用多种手段，从引导激励自主创新、引导消费、鼓励发展新业态等角度，制定流转税、所得税、消费税、营业税等税收政策，形成普惠性激励社会资源发展战略性新兴产业的政策手段。

税收优惠政策应当与促进战略性新兴产业发展的政策密切配合，突出政策重点，减少盲目性，应根据战略性新兴产业发展的特点，尽量发挥现行税收政策资源的最大效能，实现资源的优化配置。在进行系统设计时应从三个层次去考虑（邓保生，2011）：一是在战略性新兴产业化发展的不同阶段，税收优惠的侧重点应有所不同；二是战略性新兴产业化进程的不同阶段所涉及的税种不同，税收优惠的具体方式也应有区别，如对企业所得税可采取加速折旧、税项扣除、投资抵免等间接税收优惠方式，而对增值税、营业税则选择减免税、退税等直接税收优惠方式；三是对战略性新兴产业不同产业类别的税收优惠具体方式的选择问题。此外，还应根据经济发展情况，动态调整税收优惠政策的扶持范围，实现动态鼓励与静态鼓励的统一。税收政策应在国家产业结构布局的背景下，根据战略性新兴产业重点发展领域，在不同时期相应地选择切合本地区人才结构、资源状况的重点项目和税收政策手段，从而进行政策扶持范围和重心的动态调适。同时，税收优惠也要以市场调节为依托，集中有限的政策资源于真正具有优势与前景的战略性新兴产业领域，形成层次分明、重点突出、整体协调的多元化税收扶持政策体系。

二、设立政府引导基金支持战略性新兴产业发展

政府引导基金是指由政府出资，并吸引有关地方政府、金融机

构、创投企业和社会资本，不以盈利为目的，以股权或债权等方式投资或资助于战略性新兴产业投资机构或新设战略性新兴产业投资基金，从而支持创业企业或新兴产业和地区经济发展的专项资金。政府引导基金通过发挥政府资金的杠杆作用，吸引各类社会资本、民间资本和境外资本，放大政府对战略性新兴产业投资机构的导向效应和对企业发展的支持效应。

根据《国务院关于加快培育和发展战略性新兴产业的决定》，发展战略性新兴产业分“两步走”：第一阶段，到2015年，战略性新兴产业增加值占国内生产总值的比重达到8%左右；第二阶段，到2020年，比重达到15%左右，并使节能环保、新一代信息技术、生物、高端装备制造产业成为国民经济的支柱产业，使新能源、新材料、新能源汽车产业成为国民经济的先导产业。

随着国家对战略性新兴产业支持力度的加大，政府引导基金有可能成为财政资金拨付的主渠道。政府基金通过引导风险投资、私募股权投资等方式，最大限度地发挥带动效应，这将成为培育战略性新兴产业企业自主创新能力、支持地方经济发展、解决高新技术企业和中小企业融资难的重要手段。

从政府引导基金支持战略性新兴产业运作模式来看（表7-1），参股基金、融资担保是两种最通行、最适宜的运作模式；跟进投资、风险补助和投资保障可作为辅助运作模式。这是因为跟进投资是一种“直接投资”方式，在实际操作中引导基金管理人容易产生投资冲动，偏离引导基金运作原则，不宜提倡。风险补助和投资保障由于是引导基金纯粹支出，只能实现对创业投资事业的一次性支持，所以也并不是理想的引导基金运作模式。而参股基金模式可实现引导基金持续经营，是目前引导基金主要的运作模式。随着我国信用体系的健全，融资担保也会逐渐成为引导基金支持战略性新兴产业发展的常见模式。

表 7-1 不同引导基金运作模式比较

模式	特征	运营可持续性	适用对象	地位
参股基金	参股创业投资企业或设立“基金的基金”	保本微利、能持续运营	国家级政府、地方政府，适用范围很广	主要模式
融资担保	补偿创业投资企业或担保机构以提高贷款额度	能保本持续经营	地方政府，适用范围较广	次主要模式
跟进投资	对创业投资企业的投资项目进行跟进投资	保本微利、能持续运营	适用范围小，占引导基金的比例很小	辅助业务模式
投资保障	对创业投资企业给予补助	无偿支付、一次性支持	适用范围小，科技企业孵化器等中小企业	辅助业务模式
风险补助	对投资于初创期高科技中小企业的创业投资机构给予补助	无偿支付、一次性支持	适用于规模较小的区域性引导基金	辅助业务模式

但是，政府引导基金的放大、引导效应，需根据各地区经济基础、产业结构和投资项目的特点，因地制宜，选择适合的引导基金运作方式。比如，对于紧急的项目，可以通过引入“补偿基金＋股权投资”的模式快速启动引导基金，解决企业与地区的燃眉之急；对于担保机构及相应配套政策健全的地区，可以引入“引导基金＋担保机构”的模式打造融资平台，扩大融资规模，加速创业投资的发展；对于创业投资发展比较成熟的地区，可以通过以引导基金作为母基金来吸引社会投资的方式，发挥其最大功效，借用杠杆效应撬动多倍的社会资本，来促进地区和企业的发展。

此外，引导基金作为政府调控地区经济的措施之一，需重视区域内产业协调发展、建立区域性地方政府引导基金组合、支持区域内特色产业发展和升级、优化区域内产业结构、造就一批带动力强的龙头企业。引导基金的设立要与产业政策、科技政策和区域优势相结合，并通过多方协商形成商业机制贯彻政府意图，充分利用和发挥政府的政策支持和区位资源优势，推动区域内高科技创业企业发展，增加区域项目投资规模，促进地区发展更高层次项目，使区域在特定领域引领经济的持续发展。

三、完善信用担保体系

信用担保业务是低收益、高风险行业，这一风险收益不对称的性质，决定了信用担保是一种准公共物品。鉴于此，我们将信用担保体系的完善归入政策性融资支持体系来讨论。经验表明，信用担保是解决战略性新兴产业企业贷款难的有效办法。但是，从另一个角度来看，信用担保的这种增级行为，是让信用等级不足的企业通过担保机构的担保获得银行授信，担保贷款一旦形成，对担保机构的风险放大是不言而喻的。因此，信用体系的构建应该注意两个基本问题，一个是如何有效发挥信用担保在帮助企业提高银行贷款可得性方面的作用，另一个就是如何有效地防范和控制信用担保过程中产生的风险。

（一）现行信用担保体系存在的问题

近几年，信用担保体系建设虽然得到高速的发展，但是依然有诸多不完善的地方有待改进。

（1）担保公司门槛较高，担保机构业务空置率高。以广东省为例，按照广东省《融资性担保公司管理暂行办法（实施细则）》的要求，按地区分类，对设立融资性担保公司注册资本的最低限额进行管理：广州、深圳、佛山、东莞、惠州等大珠三角的九市为一类地区，担保机构注册资本不得低于 1 亿元；其余地区为二类地区，注册资本不得低于 5000 万元。融资性担保公司过高的进入门槛，限制了担保公司数量的发展。广东省共有担保机构 1218 家，注册资本为 319.55 亿元；注册资本在 1 亿元或以上的有 117 家，平均注册资本为 1.05 亿元；被认定通过担保公司企业可以获得贷款的企业占 53.82％，而仅有 8.73％的企业申请过担保贷款（吴哲，2010）。

（2）资金放大倍数偏低。信用担保经济杠杆的属性主要由放大倍数直接体现。例如，广东省全省担保行业平均放大倍数是2.31倍。如果按照放大5～10倍的标准，广东省尚有358亿～1108亿元的担保潜力没有挖掘出来。如果按照世界一些国家的经验，这一倍数还可以在一定条件下进一步提高。过低的资金放大倍数，不但是造成目前信用担保行业整体经济效益偏低的重要原因之一，而且使得信用担保限额很容易突破，严重影响信用担保体系经济杠杆效用的发挥。

（3）风险分担、补偿机制不到位。各担保机构与银行合作的总体质量不高。大部分银行不愿意与担保机构分担风险比例，银行与担保公司很难形成“风险共担、利益共享”机制。只有极少数实力雄厚或有政府背景的信用担保机构争取到了银行10％～20％的风险分担比例，大部分担保机构与银行的协议放大倍数为5倍，也有的信用担保机构甚至只得按1∶1的比例和银行合作，即银行要求在每笔贷款放出之前，由担保公司存入等量的资金作为担保。这种银保关系的不协调导致风险过于向信用担保机构集中，从而严重束缚了信用担保机构功能的发挥。此外，信用担保机构虽然可以从中小企业专项扶持基金中获得风险补偿资金，但是却没有设立专门针对战略性新兴产业的信用担保体系风险补偿基金，没有在制度上确立财政资金对信用担保机构的风险补偿机制。

部分信用担保机构运作不规范、监管体系尚未建立、配套政策还不够完善。运作不规范具体表现在：一是反担保履约保证金收取不规范，反担保履约保证金一般要求在贷款前向受保企业收取，目的是增加受保企业的违约成本，降低违约率，同时也可以起到测试受保企业信用状况的作用。但许多担保机构却是采取贷后收取的办法，这样既增加了企业的融资成本，又让反担保履约保证金失去了风险测试的功能，对信用担保行业的长远发展不利。二是有单笔或单户担保额远超过其注册资本的10%，造成风险集中度过高。三是有的担保机构外投资比重过大，削弱担保资金。

(二) 完善信用担保体系的对策

(1) 加强监督，完善风险防范机制。信用担保行业是高风险行业，要使各担保机构规范运作，严格控制担保风险，就必须从外部监督和内部控制两个方面来约束信用担保行业。从外部监督来说，一是尽快组建专门的管理部门，依法加强对信用担保行业的指导、服务和监督管理；二是按照市场经济的要求加快信用担保行业协会的建设，加强行业自律。从内部控制来讲，要完善和规范责任准备金制度和风险准备金制度，尽可能反映担保机构可能发生的风险损失和未覆盖的风险大小；完善反担保措施，提高风险防范效益（表7-2）。只有政府与行业自律组织共同监督，外部监督与内部控制同时发挥作用，才能有效控制担保行业的系统风险，促进广东省信用担保机构有序健康的发展。

表 7-2 信用等级与反担保措施

申报企业信用等级	AAA 级	AA 级	A 级	BBB 级	BB 级
反担保措施	不提供反担保	提供反担保人	提供反担保人	提供反担保物	提供反担保物

(2) 加大对信用担保体系的政策、资金扶持力度。信用担保行业政策性强，社会效益突出，但信用担保行业也是高风险行业，所以需要政府等有关部门增强为担保机构提供政策、资金方面支持的力度。监管部门应该制定出担保机构风险控制、资金补偿和奖励机制等政策，并评选出一批经营业绩突出、管理规范、制度健全的示范单位，引导信用担保行业规范、健康、有序的发展；财政部门应该安排担保行业发展专项资金，对担保行业的发展予以更大的支持；税务部门应该制定担保行业税收扶持政策，给予担保机构税收

优惠。

（3）建立风险补偿和风险分担机制。从长远来看，担保业务的风险控制是难以通过担保机构自身积累来弥补的，信用担保行业放大倍数过低，很大程度上也是由行业风险无法有效释放而造成的不作为。针对这种情况，应当在地方范围内尽快设立省级和市级的信用担保机构，设立担保风险补偿专项基金，用于担保机构的代偿损账补助。在风险补偿的基础上，加强银行与信用担保机构的合作，尽快建立起“风险分担、利益共享”的银保合作机制。

（4）建立征信体系，完善信用制度。完善征信体系，是完善信用担保体系的前提和基础。只有解决了历史信用评价问题，才能使贷款的发放有据可依。所以，建立统一有效的征信体系是信用担保体系有效发挥作用的关键。目前情况下，可以从以下几个方面着手：第一，地方政府要提供良好的金融环境。地方政府应当主动帮助金融机构追回欠款，这实际上是用政府的行为为银行贷款作“无形担保”，与金融部门共建“金融安全区”，为促进当地经济发展奠定良好的信用基础。第二，为防止企业出于不同目的而瞒报、虚报财务报表的现象发生，政府还应把企业提交给税务、工商、银行及企业主管部门的各种报表统一起来管理，努力营造守信的社会氛围。第三，严格有限责任公司的等级制度。企业应严格按照公司法的要求建立财务、会计制度，对严重违反规定的，有关部门应将其列入“黑名单”并予以公示，特别严重的应取消其有限公司资格，要求其承担无限责任。在统一征信系统建成以前，可以考虑将人民银行的“信贷登记咨询系统”和税务局的税收缴纳情况信息，向经营规范的信用担保机构适度开放，以实现信息共享，最大限度地解决当前较为严重的信用信息不对称问题，部分替代征信体系的功能。

第二节　完善银行信贷金融支持体系

国内外的经验表明，银行和其他金融机构的贷款是战略性新兴产业企业最大和最主要的外源性债务融资渠道，同时也是战略性新兴产业企业乐于诉诸的融资渠道。而战略性新兴产业企业在获得银行和其他金融机构的债务融资时，绝大多数企业根本无法或很难达到现有金融机构信用贷款的评级要求，很难提供符合金融机构规定的抵押物种类或足额抵押物。在企业融资过程中，还存在抵押物折价过低且贷款数量少的问题，最终导致其资金需求通常都无法得到充分的满足。在多数情况下，即便可以提供抵押品或者可以接受较高水平的利率，很多企业仍然无法及时得到足够的银行贷款。

一、战略性新兴产业信贷融资存在的问题

（一）贷款期限结构供需不对称

战略性新兴企业一般在不同的发展阶段对资金的需求是不相同的，本次调研的“企业信贷资金期限需求”对不同发展阶段的企业进行了统计分析。大部分企业对 1 年期以上的信贷资金需求较大。此外，企业的研发资金及企业自身发展资金一般属于企业的长期资金投入，总体而言，企业的资金需求在 1 年期以上。而金融机构为了降低风险，对风险较高的战略性新兴企业进行贷款时，不仅要求提供足够的抵押物，而且还要求尽量缩短贷款期限。即使多数企业满足金融机构要求的基本贷款条件，企业也很难获得长期的发展资金。即使部分企业获得期限较长的贷款，银行也会要求较高的风险

补偿，从而提高贷款利率，加大了企业的融资成本。在调研过程中我们也发现，那些得到相关政策支持的经营状况及财务状况良好的企业也较难获得长期贷款。虽然部分银行为战略性新兴产业企业提供较大金额中长期打包贷款，但由于贷款总量、对企业要求标准、打包的具体形式等方面的限制，仅能满足小部分企业的融资需求。因此，资金期限的不匹配降低了资金使用效率，导致有的企业短贷长用，从而加大了贷款风险。

（二）信用评估体系不健全

目前，企业的信用评估对企业能否从银行取得贷款起着重要的作用。本次调研中，在回收的 151 份关于企业信用等级问题的有效问卷中，有 30 家企业未被评级，占比为 19.7%，其他 80.3%的企业都得到了信用评级（表 7-3）。虽然大部分样本企业都得到了信用评级，但信用评估体系仍然存在着问题。首先，信用评估系统过多地注重企业法人情况，评估过程中过多地依赖企业的财务情况，而忽略法人代表和高级管理人员的个人信用、整个管理团队的管理水平和经营能力、公司的研发水平和能力、产品的发展前景和市场占有水平等。其次，信用评级机构混乱及再评级行为重复发生，主要表现在：行业内并没有一个严格统一的信用评级标准，甚至会出现信用评级机构对同一家企业信用评级的结果不尽相同，从而失去了信用评级的作用；已经获得外部信用评级机构评级的企业向金融机构贷款时，金融机构仍然要对企业进行一次内部信用评级，出现了评级之后再评级的现象，这一行为无疑加大了社会成本，造成了资源浪费。再次，金融机构判断企业是否守信的标准太过机械化。例如，在临近还款期限之时，正常经营的企业由于某些原因出现资金周转紧张，为保证企业信誉按期还款，企业通过其他方式筹集到了款项，但银行仍然认为企业信用出现问题。

表 7-3 企业信用等级

等级		频数	比重/%	有效比重/%	累计比重/%
有效	AAA+	13	8.6	8.6	8.6
	AAA	50	32.9	32.9	41.4
	AA+	21	13.8	13.8	55.3
	AA	27	17.8	17.8	73.0
	A+	2	1.3	1.3	74.3
	A	7	4.6	4.6	78.9
	B	2	1.3	1.3	80.3
	C	0	0	0	80.3
	未评级	30	19.7	19.7	100.0
合计		152	100.0	100.0	—

资料来源：本课题组于 2011 年 6～12 月进行了题为“广东省战略性新兴产业金融支持现状调查”的问卷调查，并经统计软件 SPSS17.0 统计输出结果

（三）银行贷款品种少，专业服务水平低

自我国提出发展战略性新兴产业的战略口号开始，我国商业银行并没有及时推出具有针对性的贷款工具，战略性新兴企业一般借助于银行针对中小企业贷款品种这一平台得到相关支持。而银行信贷策略多向大企业倾斜，其信贷流程和信贷方式多是依据大企业、大项目客户的特点设计的，信贷资源流入中小企业的部分较少。此外，银行在对待众多中小企业贷款中并没有战略性新兴产业企业与非战略性新兴产业企业之分，而是采取“一视同仁”的原则根据企业自身条件进行筛选放贷。同时，银行在进行贷款手续的审批时，时间较长，战略性新兴企业对资金需求的时效性很强，不少企业因贷款手续烦琐、审批时间长而错过了发展机会。因此，银行专门针对战略性新兴产业企业的信贷品种较少，专业服务水平较低。

自 2010 年开始，中国工商银行、中国建设银行、国家开发银行、华夏银行等纷纷开始成立专门团队对战略性新兴产业进行行业分析和行业组合管理。此外，一些银行也正在准备陆续推出专门针对战略性新兴产业的信贷品种，有些银行也在试图合理量化知识产权、声誉等无形资产的担保能力，并试图推出知识产权质押贷款业

务，但仍然存在不少问题。尽管银行根据国家发展战略性新兴产业的产业政策及战略性新兴产业企业的自身特点开发了一些信贷产品，但很多仍处于初步试验阶段，并不能惠及广大战略性新兴产业企业。我国商业银行针对战略性新兴企业的信贷产品较少、专业服务水平较低的局面并没有改变。

（四）战略性新兴产业集群化程度较低

产业集群有利于提高银行的信贷收益和降低银行的信贷风险。提高银行的信贷收益，主要表现在以下两个方面：其一，产业集群可以使银行获得信贷的规模经济，也就是说银行可以向集群内众多的企业进行贷款，并在一定程度上提高基准利率，这使得其收益增加；其二，经济学理论里的双重乘数效应放大了银行的收益，这主要是因为集群内的经济增长较快，集群内的资本积累更快，从而通过银行的贷款乘数效应进一步放大，使得企业获得更大规模的贷款，投资增加，在经济增长的同时，银行的规模收益也成倍增长。

降低银行的信贷风险，主要表现在以下四个方面：首先，产业集群内企业的“根植性”。也就是企业对集群内的环境关系和社会关系产生了依赖性，而这种关系主要是指政策制度、社会历史观、价值观、风俗、经营知识、关系网络等，而这种非市场关系的非经济要素对企业的融资行为起到了重要的作用，因为企业很难离开这种文化背景和制度环境，也习惯于某种交往方式，使得集群内企业具有某种“锁定效应”，这将使得企业不会滥用贷款、随意更改投资计划等，从而降低了银行的信贷风险。其次，风险分散性。银行结合产业内众多企业的贷款数量，根据大数定律，得出的坏账比例是一个比较稳定的值，那么，银行可以在同类企业中从容地比较后再作选择，且银行对企业的贷款需要量、贷款期限等较容易掌握，从而能降低银行的经营风险。再次，整体风险可预测性。产业集群内的企业在整体上是一个产业，即可以说其信贷风险就是其产业风险，而产业的发展有自身特定的周期和规律，产业风险具有一定的可预测性，相对于单个企业的风险来说其变异的系数要小得多。最后，灵活的产权及设备转让市场为信贷风险提供了弥补机制，主要是因为产业集群内企业围绕同一系列产品发展，许多专业性的抵押物在集群内流通性比较大，当企业无法偿还贷款时，银行可以将这些抵押物出售给集群内的其他企业。

目前，战略性新兴产业集聚的主要空间载体是科技园区，产业无论在纵向上还是横向上的集群都有可能给企业发展带来优势。在调研企业对“是否在该区域内形成产业集群”的回答中，有 97 家企业认为没有形成产业集群，有 53 家企业认为已经形成了产业集群(表 7-4)。调研中还发现，园区内部的企业仅仅是在空间位置上的集聚，企业间关联少，并没有形成真正的产业集群，产业集群化程度较低。虽然有很多科技园区发展势头很好，并形成一定的经济规模，但由于产业太分散，难以形成关联度强的产业链，难以发挥产业集群的优势和效应。产业集群程度低的主要原因在于园区管理部门的园区定位。园区在组建初期并不是专门针对某一产业而设计的，大多数园区的创建针对的是各行业科技含量高、发展前景好的企业，希望通过政策优惠吸引这些企业并承接地方政府的产业转移，安排企业进驻园区。在园区建完的后期经营中，园区对企业主要的关注点在于盈利能力和纳税能力，对其的主要服务内容是基础设施建设、行政服务和金融服务等，而对企业间的横向、纵向关联等关注较少，相关举措也较少。

表 7-4 是否形成产业集群

是否形成集群	频数	比重/%	有效比重/%	累计比重/%
否	97	64.7	64.7	64.7
是	53	35.3	35.3	100.0
合计	150	100.0	100.0	—

资料来源：同表 7-3

二、促进战略性新兴产业信贷融资对策

（一）进行信贷激励和约束机制创新

从对广东省银行体系的调查来看，广东省各金融机构在对风险企业进行融资时，已将激励机制引入信贷管理，且呈现信贷激励机制多元化的趋势。这一点符合新兴企业融资风险相对较高的特点，对保护各金融机构的债权起到了一定的积极作用。但同时，终身责任制和零风险这种僵化的管理办法也在广泛实行，这在很大程度上导致了金融机构的普遍“惜贷”、“慎贷”，基层信贷经理对风险企业的贷款积极性不高的情形。

由于战略性新兴产业企业信息不透明程度较高，对这类企业融资的有效性，在很大程度上取决于基层信贷经理的努力。通过其努力，能够产生关于所在社区企业的各种“软信息”，这些软信息从企业的上下游企业、主要经营者品行、供应商、顾客交易状况甚至差旅费规模等各种渠道得到，并在此基础上加以判断形成。他们较之标准的企业硬信息（如财务报表、抵押担保及信用记录），对形成正确的企业融资决策作用很大。信贷权利上收，了解科技企业“软信息”的基层信贷员没有贷款权力，只有推荐权，但却要承担100%的收贷收息责任，一旦资产出现问题，收入待遇都将受到严重影响，而由远离企业软信息的二级行凭企业的硬信息（大企业标准）来决定是否贷款。信息、标准与责任严重不对称，使基层信贷员对创新型中小科技企业“恐贷”，抑制了信贷人员贷款投放的主动性，使大量项目前景好的科技企业被挡在贷款门槛之外。

“惜贷”、“慎贷”、“恐贷”只是现有银行系统对战略性新兴产业企业信贷融资歧视的表面现象，深层次的原因有两个方面：一是

现有法律、制度对金融机构信贷权利保护不够，使得金融机构只能通过逆向选择的方式进行自我保护；二是金融机构普遍缺乏评价战略性新兴产业企业贷款风险的机制。

从总体上来看，近年来金融机构倾向于以债券、票据等形式运营资产，贷款在资产中的比重相对下降，而在新增贷款中，个人贷款和大企业贷款份额上升，对中小企业贷款的比重呈下降趋势。在战略性新兴产业企业的其他融资渠道仍然难以有效发挥作用的情况下，金融机构这样的转变，无疑将使战略性新兴产业企业金融缺口进一步增大。

在这种情况下，传统商业银行应当根据与战略性新兴产业企业的融资关系和特点进行激励和约束机制创新。一是建立独立审查人制度，主要依赖信贷经理掌握的各种“软信息”，以及在此基础上发展而来的紧密型银企关系，在对战略性新兴产业企业融资中推行客户经理制，并赋予客户经理相应的决策权限，如对200万元以下的贷款实行独立审查人制度，操作程序比照个人贷款。目前，国内台州地区的城市商业银行在试行这一制度，反映效果较好。二是在现有基础上合理下放对战略性新兴企业流动资金贷款的审批权限，不仅仅是信贷决策权适当向各支行机构下沉，还要下放全额存单质押贷款、全额保证金的承兑汇票签发权等权力。三是推行战略性新兴产业企业综合授信额度。制定差别授信标准，合理确定企业的授信额度，允许企业在有效期和授信额度内循环使用，随借随还，加快资金周转。四是对战略性新兴产业企业的贷款设定风险损失率，如日本银行在3%左右。我们在对广东省四大国有银行和股份制银行分支机构的调研中发现，金融机构普遍希望针对战略性新兴产业企业风险相对较高的特点对其贷款设定一定比例的风险核销，以盈补亏，这样金融机构对企业的贷款才有原动力。

（二）进行抵押担保贷款创新

目前来看，商业银行针对战略性新兴产业企业金融的新产品及服务手段开发方面的努力非常不够。一般来讲，我们将银行贷款技术分为财务报表型贷款（financial statements lending）、资产保证型贷款（asset-based lending）、信用评分技术（credit scoring approach）和关系型贷款（relationship lending）四种类型（Berger and Udell，2001）。从调查情况来看，被商业银行普遍使用的贷款技术是财务报表型贷款和资产保证型贷款。

财务报表型贷款的条件主要是基于贷款申请者提供的财务报表所反映的财务信息。它主要用于财务信息比较健全和透明度较高的大中型企业，其信用分析侧重于事前筛选，因此对缓解新兴企业融资问题的作用非常有限。

资产保证型贷款，又称抵押担保型贷款，这类贷款的决策主要取决于借款者所能提供的担保和抵押品的数量和质量。资产保证型贷款有很强的事后监控功能，可以有效抑制道德风险的发生，被广泛应用于中小企业贷款。但是信用担保制度对新兴企业信用支持力度不够，使得新兴企业从这类金融机构取得抵押担保贷款的难度大幅度增加。

针对这种情况，传统商业银行可以在抵押担保贷款业务上进行融资工具创新，使之在最大程度上为战略性新兴产业企业提供融资服务。表 7-5 给出了商业银行针对创新型中小科技企业的特点，尝试在抵押担保贷款基础上进行的信贷融资创新产品。银行的这些举措为战略性新兴产业的抵押担保贷款提供了很好的例证，鉴于战略性新兴产业对区域经济发展及增长的重要作用，以及战略性新兴产业良好的成长性和潜力，银行更应该充分发挥创新能力，为战略性新兴企业的抵押担保贷款量身定制新的产品。

表 7-5 创新型中小科技企业抵押担保贷款的 10 项创新产品

创新产品	贷款方式
保全仓库贷款	银行要求中小企业将货物放入指定的仓库充当贷款抵押物
出口退税质押贷款	银行要求中小企业将经过国家税务部门审批的应退税款作为贷款质押
无限责任担保贷款	中小企业的法人代表或主要股东承担企业贷款的无限责任
动产质押担保贷款	银行要求大中型企业对关联中小企业的贷款进行担保，中小企业则将专用性的动产进行反担保
应收账款质押贷款	银行要求中小企业将拥有的大中型企业的应收账款作为贷款质押
保付代理业务	银行购买中小企业的短期应收债权
联保协议贷款	多个企业之间开展贷款联保
买方付息票据贷款	中小企业在销售商品后，持买方企业交付的银行承兑汇票或商业承兑汇票到银行申请办理贴现，银行审核无误后，办理贴现手续，票据贴现利息由卖方企业承担
出口项下的付费款	银行无追索权的买断国外开证行的承兑汇票，给出口企业提供融资服务
出口外汇票据买断	银行按照国内进口中小企业的要求开出远期信用证，国外来单经银行承兑后，银行对国外出口商办理无追索权的即期付款。分为买方付息买断业务和卖方付息买断业务

（三）使用信用评分技术

信用评分技术是一种运用现代数理统计模型和信息技术对客户的信用记录进行定量分析从而作出决策的新技术，是在大型金融机构介入中小企业贷款之后迅速发展起来的一种适合大银行运作特点和优势的贷款技术，是一项重要的信贷技术创新，自 20 世纪 80 年代以来被美国金融机构用于小额贷款发放上（梁丹丹，2010）。

信用评分技术利用战略性新兴产业企业的自身特点，借鉴信用卡业务中对个人信贷的风险管理办法，对其进行分析，因为这些特征和个人信用的特征有很大的相似之处。它的重点是从风险企业的总体出发，利用风险企业的一些关键特征对其信用记录进行评估，而不是像对大企业评估那样采用详尽分析的办法。这样既可以利用概率的方法将风险控制在一定的范围内，又可以有效地控制贷款及管理成本（梁丹丹，2010）。

客户信用评分方式是商业银行运用现代数理统计和信息技术对客户进行信用评估的方法。它利用历史数据和统计方法分理出贷款申请人的各种特征对违约和不良行为的影响，通过信用评分卡等工具计算贷款人申请的信用分数来预测其违约或不良行为的概率。银行通过对大量客户的历史和现实信息进行统计分析，确定信用阈值，对高于阈值的客户的贷款申请予以批准，对低于阈值的客户的贷款申请予以拒绝。

同传统的信用评估及相应的贷款方式相比，这种方法更加倚重计算机和通信技术的发展。借助于计算机及通信技术的帮助，可以在相当程度上实现贷款处理的自动化，大大简化贷款手续，具有成本低、时间少和效率高的特点。传统的贷款管理方法也可以使用信贷信息和通信技术，但因为信用评分方法是从大量潜在客户中进行筛选，并且是在广泛的地域范围内主动联络和寻求客户，因此对现代信息处理和传输技术更加倚重。据统计，在美国，运用这种方式前，每笔贷款的批准过程和抵款处理过程分别是平均每笔 12.5 小时和 2 周，运用这种方式以后，每笔贷款的批准和处理过程分别减少到 1 小时和数小时，其评估成本为 1.5～10 美元（王竞天等，2001）。

信用评分技术可以从三个方面对战略性新兴产业企业的信贷融资产生影响。第一，信用评分改变了信贷双方的交流模式，使贷款人可以在不实际接触借款人的情况下发放和监督贷款。这和地方中小银行的关系贷款形成对照。在信用评分方式下，传统商业银行可以远距离地对新兴企业提供贷款服务，这就扩大了对战略性新兴产业企业信贷业务的选择集。第二，战略性新兴产业企业贷款价格（利率）会下降，特别是对于信用质量较高的企业。一方面是因为贷款程序简化带来的银行贷款管理成本的下降，另一方面是因为通过信用评分的方式，企业可以从地方信贷市场以外的大银行获得贷款，加强了地方信贷市场的竞争，由此带来了成本的进一步下降。第三，信用评分方式会改变战略性新兴产业企业信贷融资的“可得性”。获得更好的关于企业偿付前景的信息，可以使银行根据预期风险对贷款进行定价，而不是因担心不能偿还而拒绝贷款。信用评分方式的广泛使用可以通过鼓励良好的贷款标准使资产证券化更容易实行，从而反过来改进企业信贷融资的“可得性”及降低流动性溢价（Akhavein et al. 2001）。

传统商业银行通过一系列的机制和工具创新，虽然可以在一定程度上缓解战略性新兴产业企业的融资困境，但也有很大的局限性。例如，信用评分卡技术虽然能有效地缓解银企之间的信息不对称问题，但毕竟要以企业的信用记录为基础，而抵押品不足和信用记录的缺乏正是新兴企业在信贷融资中面临的最大问题。信息不对称问题和风险的不匹配这两个问题难以彻底解决，使得传统金融机构对风险企业的“惜贷”和“配给”现象始终存在，企业难以在这一领域使其信贷融资需求完全满足。因此，仅仅依靠传统商业银行在机制、工具和技术上的创新是远远不够的，要想构建完整的战略性新兴产业企业信贷融资支持体系，就必须在工具创新的基础上建立多层次的信贷融资市场，最大限度地拓展战略性新兴产业企业的信贷融资渠道，为战略性新兴产业企业提供融资便利。

（四）培育地方性中小金融机构

现阶段，战略性新兴产业正处于初步培育和发展阶段，大多数企业的规模较小。与对大企业贷款不同，地方性中小金融机构对区域内企业贷款主要属于信息密集型和关系驱动型贷款（relationship-based lending），对广大中小战略性新兴产业企业而言，中小金融机构具有比较优势。也就是说，中小金融机构的贷款决策主要是基于通过长期和多种渠道的接触所积累的关于借款企业的信息而作出的。这些信息除了通过办理企业存贷款、结算和咨询业务可直接获得以外，还可以从企业的利益相关者（股东、债权人、员工、供应商和顾客等）及企业所在的社区获得，他们不仅涉及企业的财务和运营状况，还包含了许多有关企业的行为、信誉和业主个人品行的信息。银行掌握的这些私有信息还被作为更新借款条件的依据，与银行有长期关系的企业可以支付更低的利率，提供更少的抵押，并可以减少对昂贵的商业信贷的依赖。从这个角度说，中小金融机构是战略性新兴产业企业的最佳间接融资伙伴。

从美国和日本的经验来看，与大型金融机构相比，中小金融机构存在更愿意为中小企业服务的倾向（表 7-6 和表 7-7）。

表 7-6 美国不同规模银行对中小企业贷款情况（1996 年）

银行资产规模	数量/家	对中小企业贷款的比率/%		对中小企业贷款余额	
		占总资产	占贷款额	金额/10 亿美元	占比/%
1 亿美元以下	6465	12.3	82.7	36.66	19.73
1 亿～5 亿美元	2548	10.7	52.8	50.30	27.08
5 亿～10 亿美元	260	6.7	31.7	11.77	6.34
10 亿～100 亿美元	326	4.4	22.3	38.52	20.74
100 亿美元以上	71	2.3	15.6	48.51	26.11
合计	9670	—	—	185.76	100

资料来源：U. S. Small Business Administration1996 年研究报告：Small Business Lending in the United States

表 7-7 日本不同金融机构的企业信贷情况

机构	1993 年		1996 年		1999 年		2001 年	
	对中小企业贷款余额/亿元	占中小企业贷款比例/%	对中小企业贷款余额/亿元	占中小企业贷款比例/%	对中小企业贷款余额/亿元	占中小企业贷款比例/%	对中小企业贷款余额/亿元	占中小企业贷款比例/%
城市银行	112.5	31.32	109.9	30.46	95.6	29.74	93.9	23.29
地区银行	75.7	21.07	77.9	21.59	72.8	22.64	72.9	18.08
二级地区银行	32.7	9.10	33.9	9.40	31.2	9.70	27.2	6.75
其他银行	28.7	7.99	33.0	9.15	22.9	7.12	20.3	5.03
国内银行信用合计	12.3	3.42	8.4	2.33	4.0	1.24	2.0	0.50
信用组合	49.0	13.64	51.2	14.19	50.3	15.65	45.2	11.21
信用合作社	18.6	5.18	18.6	5.16	14.6	4.54	12.4	3.08

续表

机构	1993年		1996年		1999年		2001年	
	对中小企业贷款余额/亿元	占中小企业贷款比例/%	对中小企业贷款余额/亿元	占中小企业贷款比例/%	对中小企业贷款余额/亿元	占中小企业贷款比例/%	对中小企业贷款余额/亿元	占中小企业贷款比例/%
私有金融机构合计	329.4	91.70	332.8	92.24	291.4	90.64	374.0	92.76
政府相关金融机构合计	29.8	8.30	28.0	7.76	30.4	9.46	29.2	7.24
中小企业信贷合计	359.2	100.00	360.8	100.00	321.5	100.00	403.2	100.00

注：其他银行指信用银行、长期信贷银行；政府相关金融机构包括商工组合中央金库、中小企业金融金库、国民生活金融金库等政策性金融机构

资料来源：White Paper on Small and Medium Enterprises in Japan. Janpan Small Business Research Institute，2002

在前面章节的理论分析中我们得出一个重要结论：战略性新兴产业企业信贷融资困难的一个重要原因，就是银企之间存在严重的信息不对称。然而，中小金融机构为战略性新兴产业企业提供融资服务，具有信息上的优势，可以在很大程度上缓解和消除这种信息不对称。这种信息优势来源于中小金融机构与银企关系两个方面的特性：其一是长期互动性（long term interaction），中小金融机构多为地方性金融机构，长期以来专门为地方企业服务，在这种长期合作的过程中，这些金融机构对区域内的企业经营状况的了解逐渐增加，极有助于解决存在于金融机构和企业间的信息不对称问题；其二是共同监督性（peer monitoring），对于合作型中小金融机构，即使这些金融机构不能真正了解企业的经营状况，致使不能对企业资金的运作实施有效监督，但为了大家的共同利益，合作组织中的企业之间会实施自我监督，而且一般来说这种监督比金融机构单独的监督更加有效（Banerjee et al.，1994）。

鉴于地区性中小金融机构的优势，首先，应当放松金融业的准入管制，在大银行裁减分支机构的同时，大力发展地方性中小金融

机构，准许建立新的地区性民营中小银行，才能填补大银行战线收缩之后留下的空白，发挥小银行区域经济中的融资主导作用。在全国，许多民营经济发达的地区，都建立了主要为本地区企业服务的地区性中小银行、如浙商银行、徽商银行等。其次，银行业集中程度过高对大多数处于初步发展期的战略性新兴产业企业来说，是一种十分危险的倾向，必将进一步恶化企业的融资环境。因此，一定要有效发挥社区合作金融和中小银行对区域企业尤其是战略性新兴产业企业提供融资服务的作用，加快区域性金融体制改革步伐，创造适宜的制度环境，促进中小金融机构和民营银行的健康发展。

（五）促进产业集群发展

鉴于产业集群在提高银行的信贷收益和降低银行信贷风险方面的积极作用，应该加大力度促进产业集群发展。

政府应该引导强化战略性新兴产业集群建设，提升产业集群发展优势。政府应该对具有集群化发展前景的战略性新兴产业进行梳理，考虑当地的产业发展现状、环境、资源等具体因素，利用自身在信息渠道等方面的优势，逐步健全战略性新兴产业集群体系。在新规划建立科技园时，应将具有横向或纵向联系的企业规划到一个园区，以产生外部效应和规模经济；对于已具有产业集聚发展形态的部分，以推动企业间产业链发展和科技园集群化为导向进行改造。同时完善园区政府服务机构、金融服务机构和中介服务机构的支持，提高产业集群组织机构的系统性，提升产业集群发展优势。

加强集群内企业间合作及企业与支撑组织、中介组织的合作。目前战略性新兴产业集群程度低，科技园内部企业关联程度低，业务往来与合作少，缺少专业化的分工与协作，较少形成产业链，更没有形成联合生产网络，不能获得范围经济，在很大程度上阻碍了产业集群对科技园区内企业融资效应的发挥。政府可采取适当政策，引导企业间加强专业化分工与协作，并加强企业与支撑组织、中介组织的合作，如金融机构、咨询机构、科研机构、律师事务所、会计师事务所等。这样既有利于企业的发展，也有利于银行得到企业的信用信息，增加了银行的贷款意愿。

政府应该通过产业集聚区建设来促进产业集群。例如，借助企业加速器、孵化器建设促进产业发展载体集聚，通过专业性服务体系建设完善产业集聚环境，引导战略性新兴产业资源加速集中集聚。可以尝试通过以下途径来加强产业集群建设：一是建设产业核心区。加快推进战略性新兴产业核心区建设，提高战略性新兴产业企业的承载力度。以珠三角为例，以信息、生物、软件、新材料、航空、高技术服务等 13 家国家高技术产业基地及珠三角 9 个国家级高新技术产业开发区为技术核心区，各工业园区、经济技术开发区等其他园区为规模化产业区，形成定位明确、重点突出、分工协作、互补配套的产业布局，把高新区建设成集总部、研发、生产、产业配套和生活配套于一体的广东战略性新兴产业核心集聚区。二是打造重大产业基地。依托具有优势的产业集聚区，围绕战略性新兴产业重点领域，规划建设一批产业优势明显、产业配套完善、龙头企业主导、创新能力突出、辐射带动作用强的战略性新兴产业基地（集群），引导技术、人才、资金和重大项目向产业基地集聚，形成要素集聚、规模集中、配套齐全的产业集群。三是完善产业配套体系。围绕战略性新兴产业重点发展领域，创新服务模式和内容，完善战略性新兴产业的投融资、研究开发、技术转让等服务体系，加快推进高技术服务业发展。建设重点战略性新兴产业企业加速器，搭建集研发、中试、检测验证、专利、标准和科技文献信息等功能于一体的公共技术支撑平台，降低中小企业创新创业成本。根据产业发展需要，适度扩大孵化器建设规模，创新管理体系和运行机制，逐步完善孵化环境，吸引初创型新兴企业、高技术人才、科技企业家向孵化器集聚，提高孵化器内企业的成功率。

第三节 构建多层次资本市场体系

战略性新兴产业所具有的良好成长性、创新性、高风险与高收益并存及高科技、低消耗等特点，不仅代表我国经济结构调整的新方向，也对资本市场的发展起着促进作用。但战略性新兴产业发展所面临的融资难问题，又需要资本市场提供有力的支持。只有加快资本市场的多层次体系建设、制度建设、市场机制建设和有效的市场监管体系建设等完善资本市场制度设施，拓宽战略性新兴产业利用资本市场解决融资问题的渠道，才能为战略性新兴产业的发展提供有效的保障。

一、战略性新兴产业企业利用资本市场融资存在的问题

（一）证券市场方面

第一，各板块间缺乏“转板”机制。所谓“转板”机制，简单地讲就是企业根据证券市场各个板块对上市公司的不同要求，在不同板块间升降，从而为企业的上市和退出提供了顺畅的流通通道。近几年来，我国已初步建立多层次资本市场结构（图 7-1），其中主板市场主要服务于成熟的大型企业，以国有企业为主；作为主板市场补充的创业板是高科技企业的融资摇篮；三板市场包括产权交易市场和非上市股权转让市场。然而，“新三板”市场仅针对北京中关村科技园区的非上市股份有限公司，还处于试点阶段，面向全国

性的三板市场并未建立起来，即使如此，新三板市场本身也存在很多问题，如已在新三板挂牌的企业若要在创业板上市，仍需走其他未挂牌企业 IPO（首次公开募股）上市流程，缺乏合理的转板机制；而对于想从新三板退出的企业又该何去何从，并没有制定相关的政策法规，这些都在很大程度上挫伤了中小型企业在新三板挂牌的积极性。场外交易市场和创业板市场并没有真正成为主板市场的“孵化器”，各层次资本市场仅是孤立存在的，缺乏互动机制。仅主板和三板、三板和中小板有互动，如从主板市场退市的企业仅可以在场外交易市场挂牌，中间缺乏过渡环节，而从三板进入主板的企业也仅限于从主板市场退到三板的企业，中小板和三板之间的关系和主板与三板是一样的。

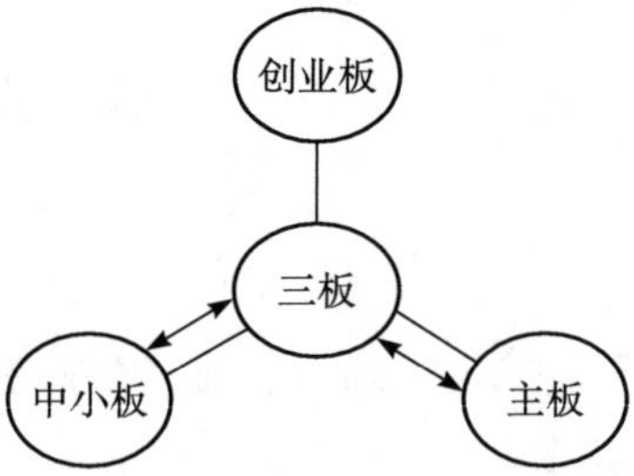

图 7-1　我国证券市场三板块间转板情况

第二，上市融资门槛高，上市审批程序复杂。2011 年中国证券监督委员会对外披露了我国 IPO 发审流程（图 7-2），虽然这在一定程度上提高了我国 IPO 审核监督的透明度，但是从该图中我们也不难看出该流程之烦琐。根据证监会的一位资深人士透露，拟 IPO 上市的企业从提交发行申请到发行上市一般需要半年左右的时间，而耗时一两年也是常见的事情，中小板的上市时间可能较之更长，如此长的周期必然会降低企业上市融资的积极性。创业板推出以后，在创业板上市融资比在主板市场上市融资门槛低，但对种子期和初创期最急需资金的民营科技企业而言，要满足上市条件也并不容易。创业板在信息披露方面比主板要求更严格，具体表现为：实行以网站为主的信息披露方式。考虑到网站披露的便捷性，监管部门要求上市公司信息披露以官方网站为主。信息披露更加及时，要求实时披露，上市公司可以在中午休市期间或下午 3：30 分后披露临时报告。根据创业企业的特点，对临时报告的披露标准进行适当的调整，要求也更加严格，增加创业板市场风险特别提示。

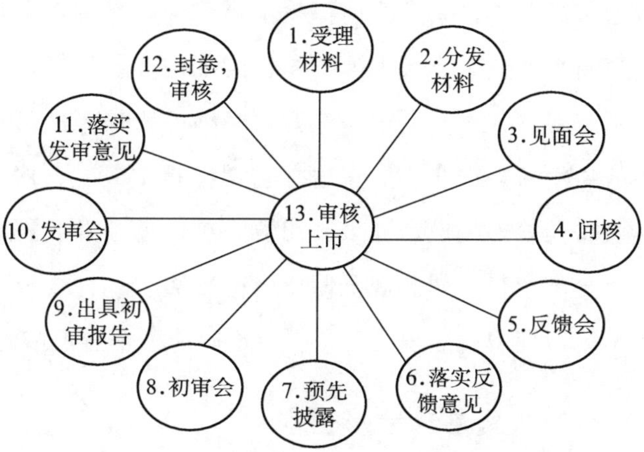

图 7-2　证监会披露 IPO 发审流程

第三，上市审批行政干预色彩比较严重。由于我国企业上市实施的是审核制，证券公司推荐的申报企业数又有一定的数量限制，即使得到了其推荐，还得通过省级政府或国务院部门同意后方能申报，最后才是证监会核准发行，行政干预色彩比较严重，增加了企业的寻租成本和时间成本。

此外，战略性新兴产业利用债券市场融资困难重重。从国内外发展经验来看，债券市场是重要的融资市场，债券融资与股权融资相比具有“税收优惠”作用、财务杠杆效应、不分散企业控制权及更能解决信息不对称问题等优点。但目前我国的债券市场大部分对企业要求很高，被称为“准国债”，大部分企业很难达到发行企业债的要求。我国企业债券发行管理的计划色彩浓厚，债券信用评级的可信度较差，利率管制使得利率无法随风险程度而改变。种种原因造成了战略性新兴产业企业与债券融资相距甚远。

(二) 企业自身因素

企业自身方面的因素也是阻碍其顺利上市的原因。首先，部分战略性新兴产业企业现有的财务数据无法达到创业板的上市要求。在创业板上市的条件之一是必须提供上市前两三年的财务报表，而我国战略性新兴产业企业大多处于初创期和初步发展期，财务数据不规范、不透明。其次，上市企业要求必须是股份制法人结构，而我国很多战略性新兴产业企业在建立初期都是个人、合伙或家族企业形式，且企业管理松散，如果其想要上市，就涉及股份制改革的难题，如何分配产权、如何规范制定财务报表、如何规范管理公司等问题都不是短期内就能解决的，因而也制约了企业上市的步伐。

(三) 政策与经济环境影响

首先，我国至今并未出台一部完整的政策法规来规范和完善企业的退市和转板流程，地方性产权交易市场混乱，证券一级市场的准入和退出机制并不合理，准入有名额限制。其次，上市存在“所有制歧视”。我国的上市政策向国有企业倾斜。再次，世界经济低迷对企业利用资本市场融资造成的影响很大。继 2008 年国际金融危机以来，全球经济并未完全恢复，我国也不例外，再加上最近两年的通货膨胀严重，央行收紧银根，房地产进入寒冬，股市低迷，在这样一种经济环境中，不仅投资者的投资热情空前低落，且企业也面临着经营困境、经营绩效恶化等问题。

(四) 样本企业利用资本市场障碍因素分析

在调研问卷中，把影响战略性新兴产业企业上市的障碍因素分列为九大类（表 7-8)，排在首位的是审批程序复杂、手续烦琐，占比

21.2%；排在第二位的是上市成本太高，占比16.6%；排在第三位的是上市门槛过高，占比16.0%；紧接其后的依次有企业自身产权、财务、管理等问题，政策法规上的障碍和上市披露制度太严格等。

表7-8 企业上市障碍因素分析

因素	上市障碍	响应		
		N/个	比重/%	个案比重/%
证券市场方面因素	上市成本太高	57	16.6	41.3
	上市披露制度太严格	27	7.8	19.6
	上市的风险太大	26	7.6	18.8
	上市门槛过高	55	16.0	39.9
政策与经济环境影响	政策法规上的障碍	34	9.9	24.6
企业自身因素	企业改制的困难	19	5.5	13.8
	企业自身产权、财务、管理等问题	40	11.6	29.0
	寻找保荐机构难	10	2.9	7.2
	审批程序复杂、手续烦琐	73	21.2	52.9
	其他	3	0.9	2.2
总计		344	100.0	249.3

资料来源：同表7-3

对于产权交易市场，在159家样本企业中，仅有5家利用了产权交易进行融资。在调研问卷中，把影响战略性新兴产业企业没有利用产权融资的原因分为11大类（表7-9），分析其原因，得出以下结论：在应答的样本企业中，有36家企业选了“产权市场不规范”，占比16.09%，占第一位；35家选了“防止技术外泄”，占比13.79%，占第二位，并列第二位的是“产权评估定价困难”；其后依次为融资过程复杂、不了解、避免控制权分散、成交效率低等。

表7-9 样本企业产权交易障碍因素

交易障碍	响应		
	N/个	比重/%	个案比重/%
成交率低	16	7.66	12.90
产权市场不规范	36	16.09	27.10
产权市场服务水平低	14	6.51	10.97
防止技术外泄	35	13.79	23.23
避免控制权分散	29	11.11	18.71

续表

交易障碍	响应		
	N/个	比重/%	个案比重/%
产权评估定价困难	32	13.79	23.23
融资过程复杂	29	12.64	21.29
企业不能达到进入要求	10	4.21	7.10
不了解	26	11.49	19.35
其他	6	2.68	4.52
融资费用高	0	0	0
总计	233	100.00	168.40

资料来源：同表 7-3

二、建立和完善资本市场支持体系

（一）推进企业债券市场建设以支持战略性新兴产业

首先，建立规范高效的承销平台。主承销机构应当充分了解发行人的发债意愿，准备发行申请文件，进行债券市场调研，设计债券发行方案，协助发债企业进行债券立项申报，与发改委等管理审批部门沟通，安排宣传推介，组织承销团进行债券销售，保证企业债券顺利发行。同时，发债企业应当提高自身实力，并与各部门协调配合，实现有效融资。

其次，完善相关法规，简化发行程序。2008 年 1 月 21 日，经国务院批准后，国家发改委印发的《关于推进企业债券市场发展、简化发行核准程序有关事项的通知》修订了企业债券发行的条件。企业只要满足股份有限公司的净资产不低于人民币 3000 万元、有限责任公司和其他类型企业的净资产不低于人民币 6000 万元、累计债券余额不超过企业净资产的 40%、最近三年可分配利润足以支付企业债券一年的利息等七项条件，就可以成功申报企业债券发行。广东省企业特别是大型科技企业应当充分利用这一良好的政策环境，积极通过企业债券融资，推进企业债券的市场化。

再次，建立公司债券发行中介支撑体系。公司债券发行的中介支撑机构对债券发行起到重要的服务和协调作用，能提供信息、会计、审计、法律等方面的多项服务。会计师能够为发债企业提供发行人近三年的审计报表，协助发行人完成尽职调查的财务部分。律师提供法律上的服务，执行法律尽职调查，对企业债券的发行合法性、上市的程序出具法律意见书。健全债券承销人对企业的信用评级技术和建立信用评级机构也十分重要，缺乏信用评级系统的公司债券市场是低效的，信用评级对缓解发债人和审批委员会、承销人之间的信息不对称有重要作用，它是建立公司债券市场化机制的必备要素。信用评级机构在发行前应当向相关部门出具评级报告，为企业发债服务，待企业发债完成后还要进行跟踪评级，提供标准化的信息服务。

（二）建立顺畅的“转板”机制

建立顺畅的“转板”机制，不仅遵循了市场优胜劣汰的原则，优化资源配置，还扩大了升板企业的融资额度，有利于整个国家的产业结构优化升级。借鉴国外已建立发达资本市场体系国家的成功经验可知，其无一例外都建立了“转板”机制。笔者立足于我国资本市场的实际情况，构建了符合我国现行制度的“转板”机制（图7-3）。首先，实行升板自愿原则，在企业满足该板块上市要求时，只要企业提出申请，原则上是可以通过的。同时，考虑到我国现有的上市制度体系，建立一条“转板绿色通道”是最经济的方法，也即立足于现行各板块的上市标准，对于申请升板企业，我们采取简化其申请程序、降低申请费用的做法，当然这部分费用也可以采用政府或所在科技园区补贴的形式。而在升板方式上，下一级市场只要满足上级市场的上市条件，都可以提出申请，当然也就包括了跳跃升板的情况，这与美国和英国证券市场的情况是一致的。其次，我们实行强制降板原则，只要企业达不到所在板块的要求，就果断对其降板。而我国的情况是：从主板降下来的企业只能在三板市场上挂牌，这是因为一般在主板市场，上市的企业已步入了高速发展期和成熟期，而我国的创业板和中小板的定位是为处于初步发展期的企业服务，因此该部分企业不适宜退入二板市场，而应直接在三板市场挂牌。另外，由于创业板和中小板是位于同一级别的，只要在中小板市场上退下来的企业条件满足，是可以在创业板市场上挂牌的。

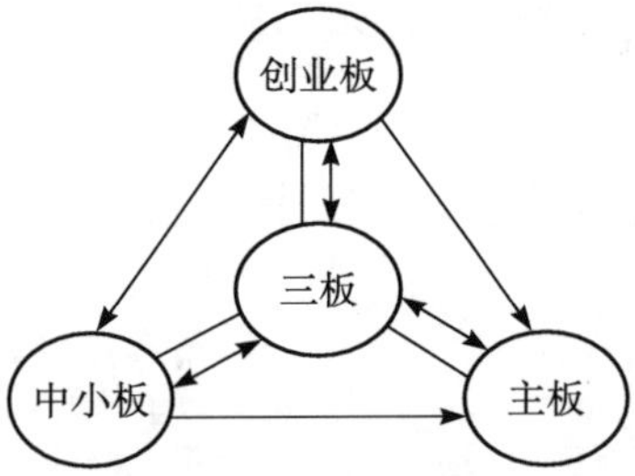

图 7-3 适合中国国情的理想“转板”机制

(三) 进一步完善中小板和创业板

首先，应该将各板块的实际上市门槛向法定上市门槛回归，并进一步对中小板和创业板扩容，让更多战略性新兴产业企业参与到二板市场中，活跃中小板和创业板块。其次，在创业板发展到一定的成熟程度时，可适度下调准入门槛，如降低对经营年限和净利润等方面的要求，以为更多中小型战略性新兴产业企业融资服务。再次，中小板和创业板并存仅是我国现阶段的短期状况，从长期来看，需要合并中小板和创业板，使其真正成为同一板块的细分市场。最后，简化审批程序。主板和二板市场的审批程序也应该体现层次上的差异，在申请上市的审批程序上，二板市场较之主板市场应该更加简化。目前，我国中小板和创业板的审批程序几乎和主板一样，这已经成为制约处于初步发展期的战略性新兴企业上市的主要因素。只有简化审批程序、缩短申请时间、减少申请费用、降低政府的行政干预，才能吸引更多的科技型中小企业上市，活跃二板市场。例如，对于已在三板市场上挂牌欲在二板市场上市的企业，我们可以取消“需经省政府或国务院相关部门同意后方能申报”这一程序，以及维持一年的上市辅导期，而对于能成功申请上市的省内企业，其申请费用政府或相关部门可以给予优惠补贴。总之，我们应该简化上市申请程序，创造条件让更多战略性新兴企业上市融资，以响应国家“十二五”规划中“大力发展战略性新兴产业”的号召，真正做到科技兴国。

（四）推进“新三板”建设

借鉴北京中关村的“新三板”成败经验，在有条件的省份或地区推进“新三板”建设。首先，要放宽准入条件，建立严格信息披露制度。新三板市场主要面对初创期的科技型中小企业，针对其盈利低、风险高的特点，“新三板”应该放宽对净利润等财务数据的硬性要求，而应该更看重企业研发产品的市场前景、研发团队和管理人的素质等潜力指标，而这些信息的获得需要我们建立严格的信息披露制度，进而要求企业定时提供所需的报表信息，对于未能按时提供或提供虚假信息的企业，应给予严肃处理。其次，尝试引入做市商制度。所谓做市商制度，简单地讲就是由做市商提出买卖报价，若投资者能接受该价格，则买卖成交。由于做市商具有专业的研发团队，对战略性新兴产业企业的未来发展前景具有更深入的分析了解，有做市商的介入，不仅使新三板的报价科学合理，且可以提升投资者的信心，活跃“新三板”市场。最后，实行保荐人制度。鼓励由做市商兼任企业的保荐人，并对保荐人实行严格的监管。

第四节　加快风险投资对战略性新兴产业的支持

风险投资是在市场经济相当发达的情况下产生的一种投资方式，是一种高风险的、组合的、长期的、权益性的、专业的投资，在支持创新者创业、促进科技成果转化为生产力、推动高技术产业化等方面具有重要的作用。战略性新兴产业创新性、风险性、收益性、资金使用的长期性等特点与风险投资的特性具有相当程度的吻合，因此风险投资无疑能够为战略性新兴产业的融资打开另一扇大门。

一、风险投资体系支持战略性新兴产业存在的问题

（一）风险资本来源有待优化，投资模式不健全

目前，风险资本来源比较单一，根据有关统计，2008 年来源于本土机构的新募集资本中，个人的风险资本比例最高，达到总金额的 34.7%，远远超过 2007 年的 14.82%；金融机构的比例为 32.09%；政府资金由 2007 年的 34.57%下降到 14.60%；企业资金所占的比例为 18.56%。个人出资主要来自一些民间较为富裕的民营企业家，这些资金虽然个体规模偏小，但数量大、经营灵活，偏好高风险、高回报的行业，因而也是近年来本土风险投资机构的重要资金来源。但是，风险投资是周期性的投资，民间资本普遍存在短期利益的要求，双方在风险投资的理念上存在不小差异。如果资金来源不稳定，那么这个行业很难顺利发展。此外，风险投资的模式主要是公司制（表 7-10），以基金形式运作的风险投资机构较少。风险投

资的支撑中介机构也缺乏，信息不对称没有得到有效缓解，导致企业难以发现合适的风险投资者，而风险投资者也难以找到最期望的潜力企业相结合。战略性新兴产业企业信用评级系统的不完善也增加了风险投资者对企业科技创新的投资成本，难以准确评估企业，进而阻碍风险投资项目的进行。一部分风险投资公司的法人治理结构不健全，没有建立市场化的激励机制和约束机制，无法适应不同技术密集程度、处于不同发展阶段的企业对风险投资的特殊需求，使风险投资效率低下。

表 7-10 2004～2010 年样本机构的组织模式分布（单位：%）

组织模式	有限责任公司制	股份公司制	合伙制	非独立机构	
				金融机构附属	上市公司/集团附属
2010 年比例	79.84	7.82	9.47	0.00	1.23
2009 年比例	69.12	7.84	15.20	0.49	0.49
2008 年比例	56.98	11.73	24.58	1.12	0.56
2007 年比例	64.90	13.25	14.57	1.99	1.32
2006 年比例	68.29	13.01	10.57	0.00	2.44
2005 年比例	79.00	9.00	5.00	1.00	0.00
2004 年比例	81.00	11.00	2.00	—	—

资料来源：《2011 年中国风险投资年鉴》（成思危，2011）

（二）风险资本总量增长放缓，投资动力不足

据 CVCRI 统计，2010 年已完成募集和正在进行募集的资本额达 6641.85 亿元。其中，219 支基金已完成募集的风险资本额为 1768.37 亿元，是 2009 年全年完成募集的资本额的 1.84 倍，平均每支基金募集的风险资本规模达 8.07 亿元，是 2009 年的 1.14 倍。2010 年中国的风险投资机构管理的风险资本总量达到 2359.87 亿元，是 2009 年年底风险资本总量 1782.06 亿元的 1.32 倍，平均每家机构管理的风险资本规模达到 10.22 亿元，是 2009 年年底每家机构平均管理资本额的 1.03 倍（图 7-4）。从 2008 年开始，风险资本总量及风险投资机构平均管理资本额增速逐渐放缓，2009 年出现负增长现象，2010 年的风险资本总量及风险投资机构平均管理资本额均低于 2008 年。

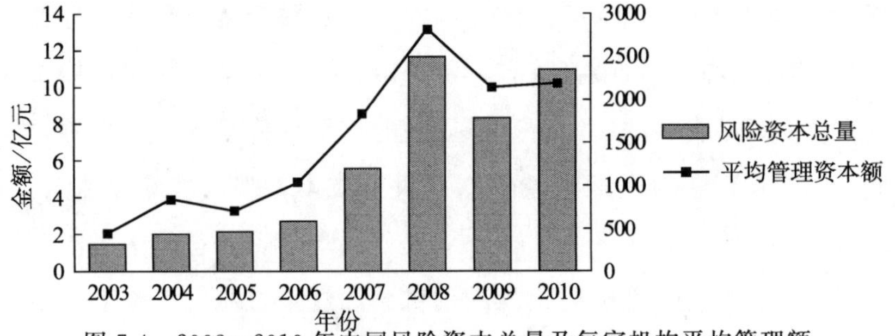

图 7-4　2003～2010 年中国风险资本总量及每家机构平均管理额

注：调查的有效样本数分别为 160 家、115 家、141 家、122 家、142 家、191 家、179 家和 231 家

资料来源：《2011 年中国风险投资年鉴》(成思危，2011)

在投资金额及投资项目方面，2010 年风险资本投资额达到 976.63 亿元，投资项目达到 1225 项，分别为 2009 年的 3.08 倍和 1.78 倍，分别是 2008 年的 2.88 倍和 2.42 倍（图 7-5）。与 2008 年相比，风险机构的风险资本总额和机构平均管理资本额相对降低，风险投资金额和风险投资项目增长了 2 倍多，说明在 2010 年以前存在着风险投资动力不足的情况。

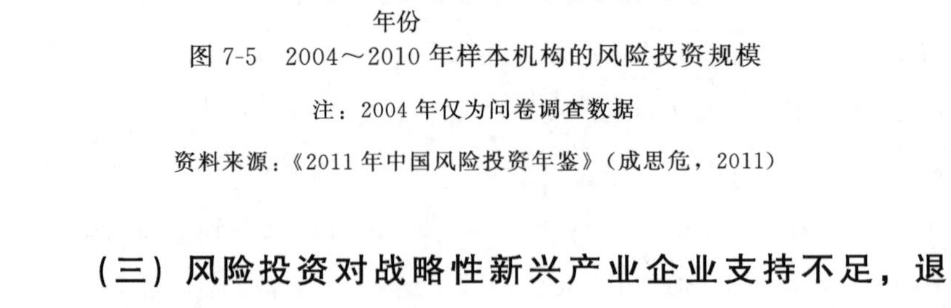

图 7-5　2004～2010 年样本机构的风险投资规模

注：2004 年仅为问卷调查数据

资料来源：《2011 年中国风险投资年鉴》(成思危，2011)

(三) 风险投资对战略性新兴产业企业支持不足，退出机制不健全

本次调查问卷中，把风险投资作为主要资金来源之一的企业仅

占6.5%，从样本企业发展阶段看，将风险投资作为主要资金来源之一的企业中，仅有5%是处于种子期和初创期的企业，而种子期和初创期是融资缺口最大、对风险投资需求最为强烈的阶段。此外，风险投资的退出机制不健全，以2010年为例，风险资本的退出方式中，以上市退出的占比达到72.05%，以股权转让方式退出的占比为25.45%，以清算方式退出的占比为0.27%，以其他方式退出的占比为0.27%（图7-6）。由此可以看出，风险资本的退出方式主要以企业上市从资本市场退出为主，而企业从发展初期到企业上市需要一个较长的过程，风险资本退出方式对上市的依赖性表明了风险资本退出机制的不健全。

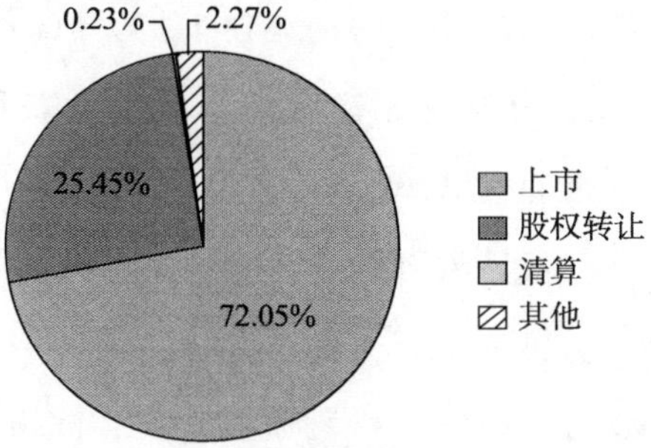

图7-6　2010年风险资本退出方式

资料来源：《2011年中国风险投资年鉴》（成思危，2011）

二、完善风险投资支持体系对策

（一）把握战略性新兴产业的发展规律，加强科技资源与风险投资的对接

与传统产业不同，战略性新兴产业在技术路线、产业环节、商业模式、市场培育等方面具有较大的不确定性，需要大量的技术攻关、成果集成、模式创新和政策突破，才能使其健康发展。今后，

在国家科技重大专项和重大科技产业化工程实施过程中，需要进一步研究战略性新兴产业形成和发展过程中技术创新链条与资金链条的对接关系：对于市场失灵的环节，政府要充当“第一位天使”；对于风险投资可以顺利进入的环节，政府要营造环境，加大激励；对于风险投资“过热”的环节，政府要发挥“窗口指导”作用，加强引导。通过政府和市场的有效结合，切实打通战略性新兴产业发展的各个环节。

（二）鼓励各种投资主体进行多元化的风险投资

在一个完善的资本市场中，风险投资必然来自多种渠道。各种投资者相互补充进行风险投资的优势在于扩大风险资本的规模，通过投资关系、社区地缘效应等软因素降低企业获得风险投资的成本，满足不同企业的资金需求。从投资方式上看，一般风险投资、公募风险投资基金、私募风险投资基金、私募股权融资都为企业科技创新拓宽了融资方式。从国外的风险投资经验看，企业、银行、私人资本、保险公司、捐赠、养老基金、政府机构、学术团体、外资、捐赠都可以作为风险投资的市场主体。应当通过鼓励、引导性基金等各种方式，促进多种投资主体参与到风险投资中，拓展风险投资的来源渠道，为战略性新兴产业提供高效的支持。政府在风险投资中需要发挥积极作用，但并不意味着将大规模的财政资金用于风险投资，这样不利于实现政府为企业服务目的，相反，过度干预及风险资本流向政府背景企业会违背市场化的运作机制，不但会降低科技创新的效率，也会降低其他风险投资主体的投资动力。政府在风险投资中应当扮演“助理”的角色，在信息、政策和法规方面为风险投资提供便利，而在财政性风险资本上，应当逐渐减少投入比例，多设立风险投资引导性基金，促进风险投资市场化程度不断提高。

（三）有效利用国际风险资本

1992 年以来，国际风险资本对我国的科技创新起到了巨大的支持作用。美国国际数据集团（IDG）在我国设立了第一个风险投资基金，华登国际、软银投资、凯雷投资、红杉中国基金等国际风险资本巨头相继进入我国风险投资市场，极大地补充了支持科技创新创业的风险资本。以广东省为例，广东省地处华南中心，以珠三角为核心，紧邻港澳，辐射东南亚，优越的地理位置、信息的通畅决定了其利用海外风险资本的成本较低，广东省相对发达的科技产业和强大的增长潜力也是吸引风险投资流入的重要因素。应当充分利用这些优势，鼓励外资进入形成合资或独资风险投资公司，并设立风险投资基金，同时将先进的风险投资管理技术引入国内，为战略性新兴产业提供高效支持。此外，各个地区应该充分发挥区域内的优势，吸引国际风险投资机构。

（四）完善风险投资退出机制

风险投资退出机制的完善对支持科技创新有重要意义。一方面，风险投资者通过公开上市、股权转让、股权回购等方式实现投资收益，这种收益因战略性新兴产业的高风险性往往是企业巨大潜力得到释放的回报，因此收益率极高，这是引导和激励风险投资投资于战略性新兴产业企业的重要因素。另一方面，完善的风险投资退出条件符合企业意愿，战略性新兴产业企业在引入风险投资时，是以暂时分割股权为成本获得急需的发展资金的，当企业渡过资金难关后，希望能够赎回股权，因为分割股权是企业在资金困难时的一种被动选择，并非企业的本意，完善的退出机制能激发企业吸纳风险投资的动力。应当进一步完善企业股权回购机制、完善产权交易市场、新三板市场的交易平台，为风险投资退出企业提供系统性支持。

参考文献

蔡冬青，朱玮玮．2009. 日本家电产业战略性贸易政策的特点及其有效性．商场现代化，(12)：9-10.

蔡小燕．2012. 战略性新兴产业资本市场融资研究——以广东省为例．华南师范大学硕士学位论文．

蔡则祥．2006. 金融结构优化论．北京：中国社会科学出版社．

成思危．2011. 2011 中国风险投资年鉴．北京：民主与建设出版社．

陈洪涛，施放，郑才林，等．2008. 基于政府作用的新兴产业发展研究．西安电子科技大学学报（社会科学版），18（4）：118-123.

陈然方，吴剑雄，鲍明星．2003. 中小企业信贷融资风险问题研究．武汉金融，(11)：13-15.

陈容，干胜道．2008. 权衡理论与优序融资理论的比较研究．商业研究，(373)：37-39.

邓保生．2011. 促进战略性新兴产业发展的税收优惠政策分析与优化．税务研究，(5)：68-70.

段一群，李东，李廉水．2009. 中国装备制造业的金融支持效应分析．科学学研究，(3)：388-392.

弗里曼，苏特．2004. 工业创新经济学．华宏勋，华宏慈，等译．北京：北京大学出版社．

范小雷．2007. 发达国家发展战略产业的金融支持路径研究．武汉理工大学硕士学位论文．

冯涛，崔光庆．2007. 我国金融风险与政府投资行为：理论与实证分析．金融研究，(10)：31-40.
付广军 . 2011. 运用税收政策推进战略性新兴产业发展 . 兰州商学院学报，27 (2)：1-9.
高杰 . 2010 - 6 - 7. 创新打造中国“硅谷银行” . 国际金融报，第 5 版 .
郭敏 . 2007. 商业银行信用风险度量模型简介及思考 . 上海金融，(2)：49-51.
顾海峰 . 2011a. 战略性新兴产业演进的金融支持体系及政策研究——基于政策性金融的支持视角 . 科学学与科学技术管理，(7)：100-105.
顾海峰 . 2011b. 我国战略性新兴产业的业态演进与金融支持 . 证券市场导报，(4)：59-63.
顾海峰 . 2011c. 战略性新兴产业发展的金融支持体系及其政策设计 . 天津财经大学学报，(9)：78-85.
顾海峰 . 2011d. 战略性新兴产业培育、升级与金融支持 . 改革，(2)：31-36.
侯延刚 . 2011. 河北省推动战略性新兴产业发展的财政政策研究 . 河北大学硕士学位论文 .
胡兴祥 . 2002. 高新技术产业政策国际比较研究 . 合肥工业大学硕士学位论文 .
胡三宁 . 2005. 信贷配给理论发展评述 . 首都经济贸易大学学报，(4)：28-31.
胡海峰 . 2010. 我国战略性新兴产业培育中的金融支持体系研究 . 新视野 . 6：24-26.
黄少安，张岗 . 2001. 中国上市公司股权融资偏好分析 . 经济研究，(11)：12-20.
姜大鹏，顾新 . 2010. 我国战略性新兴产业的现状分析 . 科技进步与对策，(17)：71-76.
孔艳杰 . 2006. 中国商业银行信贷风险全过程控制研究 . 北京：中国金融出版社 .
雷震，陈增前 . 2007. 浅谈印度资本市场的发展及对我国的借鉴意义 . 时代金融，(11)：72，73.
雷鸣 . 2010. 日本节能与新能源发展战略研究 . 长春：吉林大学出版社 .
李波 . 2010. 培育和发展我国战略性新兴产业的税收政策建议 . 中国财政，(22)：33，34.
李茂生 . 1987. 中国金融结构研究 . 太原：山西人民出版社，北京：中国社会科学出版社．

李东卫．2011. 战略性新兴产业发展与金融支持问题研究．经济与金融，(4)：4-7.

李明．2011. 发挥金融支撑作用助推新兴产业发展——对湘潭市金融支持战略性新兴产业发展的调查．武汉金融，(11)：57-59.

李健．2004. 国有商业银行改革：宏观视角分析．北京：经济科学出版社．

李镇西．2009. 探究小企业金融的运营模式——以包商银行为例．银行家，(10)：53-54.

李文增．2010. 构建与滨海高新区发展相适应的现代金融服务体系．产权导刊，(4)：36-38.

李奎，陈丽佳．2011. 广东战略性新兴产业促进政策研究．广州：华南理工大学出版社．

李秀中．2012－3－4. 四川多晶硅企业几近全部停产工信部急开座谈会．第一财经日报，第 2 版．

梁立俊．2003. 银行的规模优势和市场分割性．经济科学，(4)：18-21.

梁丹丹．2010. 民营科技产业“C－Z－I”融资模式研究．华南师范大学硕士学位论文．

凌江怀．2004. 金融学概论（第一版）．北京：高等教育出版社．

凌江怀．2006. 商业银行风险论．北京：人民出版社．

凌江怀．2010. 金融学概论．北京：高等教育出版社．

凌江怀．2011－12－15. 解决中小企业融资难题的战略途径．人民日报，第 7 版．

林毅夫，李永军．2011. 中小金融机构发展与中小企业融资．经济研究，(1)：10-18.

林江，张佐敏．2010. 地方财政政策对金融风险的影响．应用经济学评论，(1)：69-74.

刘志彪．2011. 科技银行功能构建：商业银行支持战略性新兴产业发展的关键问题研究．南京社会科学，(4)：7-13.

刘治凯．2012. 战略性新兴产业信贷融资研究—以广东省为例．华南师范大学硕士学位论文．

刘小雪．2005. 发展中国家的新兴产业优势：以印度软件产业的发展为例．北京：世界知识出版社．

穆小华．2005. 中小高新企业信贷风险控制研究．重庆大学硕士学位论文．

马英俊．2007. 产业金融理论与对策研究．上海社会科学院博士学位论文．

迈克尔·波特．2005. 竞争战略．陈小悦译．北京：华夏出版社．

宋晓洪．2008. 我国高新技术产业竞争力研究．北京：人民出版社．

宋智文，凌江怀，吕惠聪．2012. 战略性新兴产业金融风险研究．特区经济，(6)：221-224.

谈儒勇．1999. 中国金融发展和经济增长关系的实证研究．经济研究，(10)：53-60.

汪艳红．2007. 新兴产业的培育和发展研究．吉林大学硕士学位论文．

王铁军．2007. 中国多层次资本市场构架设计的构想．中国科技投资，(3)：47.

王昌林．2011. 中国产业发展报告 2010——培育战略性新兴产业的对策研究．北京：经济管理出版社．

王勇．2010. 战略性新兴产业简述．北京：世界图书出版社．

王忠宏，石光．2010. 发展战略性新兴产业推进产业结构调整．中国发展观察，(1)：12，13.

王竞天，李正天，冯雪飞，等．2001. 中小企业创新与融资．上海：上海财经大学出版社．

王小哈，肖猛，周永强．2012. 上市公司股权融资偏好与经营绩效的实际分析．商业经济与管理，(3)：49-52.

王兆星．1991. 中国金融结构论．北京：中国金融出版社．

吴哲．2010-6-11. 广东担保业面临大规模“体验”．南方日报，第 A19 版．

武剑．2003. 论我国商业银行的行业风险评级与信贷管理．新金融，(2)：31-34.

谢勇，柳华．2008. 产业经济学．武汉：华中科技大学出版社．

熊广勤．2012. 战略性新兴产业培育发展的金融支持模式选择．武汉冶金管理干部学院学报，22 (1)：40-42.

言斌．2008. 银行主导下的日本高科技产业化融资问题研究．苏州大学硕士学位论文.
银国宏.2005. 中国资本市场与产业绩效关系研究.北京：经济管理出版社.
杨世杰.2010. 包商银行发展战略研究.北京邮电大学硕士学位论文.
约翰·希克斯.1984. 经济史理论.厉以平译.北京：商务印书馆.
袁天昂.2010. 资本市场支持我国战略性新兴产业发展研究.西南金融，(3)：72-75.
杨海霞.2011. 战略性新兴产业热的冷思考.中国投资，(10)：38-41.
殷剑峰.2006. 金融结构与经济增长.北京：人民出版社.
张亮.2009. 我国节能与新能源行业的金融支持问题.开放导报，(4)：19-22.
张少春.2010. 中国战略性新兴产业发展与财政政策.北京：经济科学出版社.
张玉喜.2006. 我国产业政策的金融支持体系研究.哈尔滨工程大学博士学位论文.
张华林.2010. 浙江省中小企业的银行信贷融资风险评估及防范研究.浙江大学硕士学位论文.
张捷.2002. 中小企业的关系型借贷与银行组织结构.经济研究，(6)：32-37.
张梅.2006. 中国金融发展的产业升级效应研究.复旦大学博士学位论文.
赵文彦.1990. 新兴产业的摇篮：高技术开发区研究.北京：科学技术文献出版社.
钟清流.2010. 战略性新兴产业发展进程中的政府角色.现代商业，(21)：149，150.
朱平芳，徐伟民.2003. 政府的科技激励政策对大中型工业企业R&D投入及其专利产出的影响——上海市的实证研究.经济研究，(6)：45-53.
郑婧渊.2009. 我国高科技产业发展的金融支持研究.科学管理研究，(5)：101-103.
祝宝良.2010. 构建发展战略性新兴产业政策支撑体系.科技成果纵横，(1)：7-9.
中国科技发展战略研究小组.中国科技发展研究报告2010——战略性新兴产业研究.北京：科学出版社.
中国人民银行研究局，日本国际协力机构（JICA）.中国中小企业金融制度报告.北京：中信出版社.

Allen F，Gale D. 2000. Comparing Financial Systems. Cambrige：the MIT Press.

Akhavein J，Frame W S，White L J. 2001. The diffusion of financial innovations：an examination of the adoption of small business credit scoring by large banking organizations. Federal Reserve Bank of Atlanta Working Paper NO. 9.

Banerjee A V，Beslty T，Guinnane T W. 1994. The neighbor' s keeper：the design of a credit cooperative with theory and a test. Quarterly Journal of Economics，109：491-515.

Berlin M，Mester L J. 1998. On the profitability and cost of relationship lending. Journal of Banking and Finance，22：873-897.

Berger A，Udell G. 1998. The economics of small business finance：the roles of private equity and debt markets in the financial growth cycle. Journal of Banking and Finance，22（6-8）：613-673.

Beck T，Levine R. 2002. Industry growth and capital allocation：does having a market-or bank-based system matter? Journal of Financial Economics，64：147-180.

Berger A N，Udell G F. 2001. The effect of banking market size structure on bank competition：the case of small business lending. Federal Reserve Board Working Paper .

Berger A N，Saunders A，Scalise J M，et al. 1998. The effects of bank mergers and acquisitions on small business lending. New York University NYU Working Paper No. FIN-98-007.

Boot A W，Thakor A V. 2000. Can relationship banking survive competition. The Journal of Finance. 2：679-713.

Bagehot W. 1873. Lombard Street，Homewodd，IL：Richard D. Irwin（1962 Edition）.

Carlin W，Mayer C. 2003. Finance，investment and growth. Journal of Financial Economics，69：191-226.

Greenbaum S I，Thakor A V. 1995. Contemporary financial intermediation. New York：Dryden Press.

Gort M, Klepper S. 1982. Time paths in the diffusion of product innovation. Economic Journal, 92: 630-653.

Jensen M, Meckling W. 1976. Theory of the firm: managerial behaviour, agency cost and capital structure. Journal of Financial Economics, 3: 305-360.

Modigliani F, Miller M . 1958. The cost of capital, corporation finance and the theory of investment. American Economic Review, 48: 261-297.

Modigliani F Miller M. 1963. Corporate income tax and the cost of capital: a correction. American Economic Review, 53: 433-443.

Myerssc, Stewart C, Majluf N. 1984. Corporate financing and investment decision when firm have information that investors do not have. Journal of Financial Economics, 13 (2): 187-221.

Peek J, Rosengren E S. 1996. Small business credit availability: how important is size of lender? Federal Reserve Bank of Boston Working Papers No. 95-5.

Rajan R, Zingales L. 1998. Financial dependence and growth. American Economic Review, 88 (3): 559-586.

Stiglitz J E, Weiss A. 1981. Credit rationing in market with imperfect information. American Economics Review, 71 (3): 393-410.

Spoonley P, Neil A. 1997. The influence of technologies on financing options. Tertiary Education and Management, 3 (4): 325-331.

Wurgler J. 2000. Financial markets and the allocation of capital. Journal of Financial Economics, 58: 187-214.

Weston J F, Brigham E. 1981. Managerial Finance (7th Edition) . Birmingham: Dryden Press.